2015年度国家社会科学基金项目阶段性成果

深度贫困边疆地区人口与经济协调发展研究

——以南疆为例

马胜春◎著

中国财经出版传媒集团
中国财政经济出版社

图书在版编目（CIP）数据

深度贫困边疆地区人口与经济协调发展研究：以南疆为例／马胜春著．
—北京：中国财政经济出版社，2019.6
ISBN 978 - 7 - 5095 - 9023 - 2

Ⅰ.①深…　Ⅱ.①马…　Ⅲ.①不发达地区 - 边疆地区 - 人口 - 问题 - 研究 - 中国 ②不发达地区 - 边疆地区 - 地方经济 - 协调发展 - 研究 - 中国　Ⅳ.①C924.24　②F127

中国版本图书馆 CIP 数据核字（2019）第 101887 号

责任编辑：卢关平　　　　责任校对：理　由
封面设计：孙俪铭　　　　责任印制：张　健

中国财政经济出版社 出版

URL：http：//www.cfeph.cn
E - mail：cfeph@cfeph.cn

社址：北京市海淀区阜成路甲 28 号　邮政编码：100142
营销中心电话：88191537　88191522
天猫网店：中国财政经济出版社旗舰店
网址：https：//zgczjjcbs.tmall.com
北京财经印刷厂印刷　各地新华书店经销
787×1092 毫米　16 开　14.25 印张　216 000 字
2019 年 7 月第 1 版　2019 年 7 月北京第 1 次印刷
定价：49.00 元
ISBN 978 - 7 - 5095 - 9023 - 2
（图书出现印装问题，本社负责调换）
本社质量投诉电话：010 - 88190744
打击盗版举报热线：010 - 88191661　QQ：2242791300

摘 要

2010年以来，中共中央对新疆问题高度重视，连续召开两次新疆工作会议、六次全国对口援疆工作会议。2014年第二次中央新疆工作座谈会上，习近平总书记强调，要做好新形势下的新疆工作，把维护新疆社会稳定和长治久安作为着眼点和着力点。党的十八届五中全会提出2020年全面建成小康社会的目标要求。党的十九大报告进一步提出“中国特色社会主义进入新时代，我国社会主要矛盾已经转化为人民日益增长的美好生活需要和不平衡不充分的发展之间的矛盾”。新疆维吾尔自治区以天山为界，南疆属暖温带大陆性干旱气候，年平均降水量少至10毫米，年无霜期180～240天，南疆四地州地处塔克拉玛干沙漠西南部，是中国的集中连片特困区以及深度贫困区之一，是中国扶贫攻坚的主战场和“硬骨头”。南疆四地州自然条件恶劣，人口增速快，居民受教育水平低，经济社会发展滞后，人口发展与经济社会发展不协调。南疆人口与经济社会协调发展不仅关系着南疆的跨越式发展，关系着中国西部边疆的国防安全，关系着共建“一带一路”倡议的顺利实施，也关系着全国的社会稳定、长治久安和民族团结，对中国“两个一百年”奋斗目标的实现和中华民族伟大复兴具有重要意义。为深入研究南疆人口与经济协调发展问题，笔者在梳理相关文献研究的基础上，深入南疆深度贫困地区考察了当地的人口生育、学校教育和产业发展等情况，获得了大量第一手资料。在文献研究、调查分析、理论分析和实证分析的基础上，最终形成本书。本书分七章展开：第一章，研究基础；第二章，南疆人口与经济不协调发展的计量分析；第三章，南疆人口与经济不协调发展的主要表现；第四章，援助背景下南疆经济发展的人力资本困境；第五章，各级各类教育不足对南疆人力资本形成制约；第六章，传统文化思想对南疆人力资本形成制约；第七章，结论与对策。下面简要介绍南疆人口与经济不协调发展的计量分析、南疆人口与经济不协调发展的主要表现、基于人力资本理论对南疆人口与经济不协调发展的原因分析，以及促进南疆人口与经济协调发展的对策和建议。

1. 南疆人口与经济不协调发展的计量分析

对南疆人口与经济不协调发展的计量分析表明：（1）2000 年到 2016 年，南疆四地州人口经济差异指数依然相对较高。不过，在 2010 年新一轮对口援疆之后，南疆四地州人口经济差异指数的降低趋势较为明显。（2）对南疆人口经济差异指数与人口自然增长率、高等教育人口比重、城镇化率以及非农产业产值比重的相关分析可知，南疆人口经济差异指数与高等教育人口比重呈显著负相关关系，且相关系数最大。（3）对新疆县级人口经济差异指数的空间自相关分析可知，新疆县级人口经济差异指数呈现显著的空间自相关性，并且在局部地区特别是南疆地区呈现显著的局部“高—高”聚集特点。

2. 南疆人口与经济不协调发展的主要表现

南疆人口与经济不协调发展主要表现在三个方面：（1）南疆人口增长与经济增长不协调。“西部大开发”战略实施以来，虽然南疆地区生产总值有了较大增长，但南疆人口增长速度依然较快，仍未完成人口转变。南疆的人口增长抵消了一部分经济增长，使得近年来南疆的人均 GDP 虽然已有较大提高，但是与新疆及全国平均水平差距较大，南疆依然处于“低水平均衡陷阱”。（2）南疆教育水平与经济增长不协调。随着“西部大开发”以及一系列对口援疆政策的实施，南疆的基础设施已基本完备，但作为南疆经济发展主体的南疆人口的数量优势并不能迅速转化成质量优势，从而成为南疆经济增长的内生动力，南疆人口受教育水平低，尤其是受高等教育人口比重低，并且产业工人缺乏职业素养，使得国家对南疆的大力扶持很难迅速转变为南疆自身的“造血”能力。(3) 南疆人口结构与经济发展不协调。南疆城镇化水平低，产业发展滞后，产业结构不合理，仍然以第一产业为主，虽然非农产业的产值比重逐年有所上升，但是，南疆人口产业就业偏离度大，非农产业产值比重的提高没能大量吸纳就业。

3. 基于人力资本理论对南疆人口与经济不协调发展的原因分析

导致南疆人口与经济不协调发展的原因较多也较复杂，本书仅基于人力资本理论探讨南疆人口与经济不协调发展的三个方面原因：(1) 南疆人力资本不足制约国家扶持政策的实施效果放大。当前，国家对南疆实施大力扶持，资金投入非常多，极大地改善了南疆的基础设施状况；扶持产业发展方面，兴建了一批产业园区，并有大量援疆企业入驻，但由于人力资本不足，员工受教育水平低且缺乏职业素养，南疆的产业发展遇到极大困难。(2) 各级各类教育不足制约着南疆人力资本形成。双语教育的瓶颈制约着南疆义务教育质量的提高，不利于后续教育和人口流动；高等教育严重缺乏制约南疆人力资本形成，不利于居民收入水平提高和产业升级转型；职业教育不足制约南疆产业工人的职业素质养成，不利于南疆的产业发展。(3) 传统文化思想观念制约着南疆人力资本形成。南疆的贫困文化不利于市场经济观念的形成；南疆的传统生育观念则使得南疆农村人口倾向于多生超生；南疆女性较低的受教育水平使其更易受传统文化的影响而生育较多的孩子。

4. 促进南疆人口与经济协调发展的对策和建议

促进南疆人口与经济协调发展，应该重点做好以下几个方面工作：第一，促进传统思想观念转变；第二，切实落实好计划生育政策；第三，增加正规教育投入，特别要重视女性受教育水平提高；第四，加强职业教育以提高劳动者素质养成；第五，推动劳动密集型产业发展以吸纳就业人口；第六，推动人口流动和跨省劳务输出；第七，加快建立对口支援的长效机制。

Abstract

Since 2010, the Central Committee of the Communist Party of China has attached great importance to the Xinjiang issue, has held twice Xinjiang Working Conference, and six Working Conference on Counterpart Aid to Xinjiang. At the second Xinjiang Working Conference in 2014, General Secretary Xi Jinping emphasized that it is necessary to do a good job in Xinjiang under the new situation, to maintain the social stability and long-term stability of Xinjiang as a focus. The Fifth Plenary Session of the 18th CPC Central Committee proposed the goal of building a well-off society in 2020. The report of the 19th National Congress of the Communist Party of China further stated that "Socialism with Chinese characteristics has entered a new era, and the main contradictions in our society have been transformed into contradictions between the people's growing needs for a better life and the uneven development." Located in the southwestern edge of the Taklimakan Desert, the four prefectures of southern Xinjiang are concentrated poverty and it is the main battlefield and "hard bone" of poverty alleviation in China. The four southern prefectures have poor natural conditions, rapid population growth, low education level, lagging economic and social development. It is uncoordinated development between population and economy. The coordinated development of population and economy in southern Xinjiang is not only related to the leap-forward development of southern Xinjiang, but also to the national defense security of China's western frontiers. It is related to the smooth implementation of the concept of "One Belt, One Road" and the social stability, long-term stability and national unity of the country. It is of great significance to the realization of the "Two Hundred Years" struggle goal of China and the rise of the Chinese nation.

In order to thoroughly study the uncoordinated development of population and economy in southern Xinjiang, explore the causes and summarize the laws, this study is specially carried out.

On the basis of literature research, I investigated of population fertility, school education and industrial development in the deep poverty-stricken areas of southern Xinjiang, and obtained a large amount of first-hand information. Based on literature research, investigation, theoretical analysis and econometric analysis, this book is finally formed. The thesis is divided into seven chapters: the first chapter, the research foundation; the second chapter, the econometric analysis of the uncoordinated development of population and economy in southern Xinjiang; the third chapter, the main manifestations of uncoordinated development between population and economy in southern Xinjiang; the fourth chapter, the human capital dilemma of the economic development of southern Xinjiang in the context of aid; the fifth chapter, the restriction of the formation of human capital in southern Xinjiang caused by the various levels of education; the sixth chapter, the cultural restriction of traditional thought on the formation of human capital in southern Xinjiang; the seventh chapter, conclusions and countermeasures. The following is a brief introduction to the uncoordinated development of population and economy in southern Xinjiang.

Firstly, the econometric analysis of the uncoordinated development of population and economy in southern Xinjiang.

The econometrics analysis of the uncoordinated development of population and economy in southern Xinjiang shows three points. (1) From 2000 to 2016, the index of population economic disparity in southern Xinjiang is still relatively high, although, after the new round of aid to Xinjiang in 2010, the downward trend of the population and economic disparity index is more obvious in southern Xinjiang. (2) The correlation analysis between the population economic disparity index of southern Xinjiang and the natural population growth, the proportion of college graduates and above, the urbanization rate, and the proportion of non-agricultural industries can be seen that the population and economic disparity index of southern Xinjiang has a significant negative correlation with the proportion of college graduates and above, and the correlation coefficient is the largest. (3) Xinjiang's population economic disparity index shows significant spatial autocorrelation, and it shows significant local "high-high" aggregation characteristics especially in southern Xinjiang.

Secondly, the main manifestations of uncoordinated development of population and economy in southern Xinjiang.

The uncoordinated development of population and economy in southern Xinjiang is mainly manifested in three aspects. (1) The population growth in southern Xinjiang is not coordinated with economic growth. Since the Western Development, although the GDP of southern Xinjiang has been greatly improved, the population growth rate is still relatively fast, and the demography transition has not yet been completed. The population growth offset some of the economic growth in recent years, and it is still far from the level of Xinjiang and the national average. (2) The education level in southern Xinjiang is not in harmony with economic growth. With the Western Development and the implementation of a series of counterpart aid policies, the infrastructure of southern Xinjiang has been basically complete, but as the main body of economic development in southern Xinjiang, the quantitative advantage of the population of southern Xinjiang cannot be quickly transformed into a quality advantage. The low education level of the population in southern Xinjiang, especially the low proportion of the population with higher education, making it difficult for the country's strong support to quickly transform into southern Xinjiang's own "hematopoietic" ability. (3) The population structure is not in harmony with the economy. The industrial development is lagging behind, and the industrial structure is unreasonable. The primary industry is still the main industry. Although the output value of the primary industry has declined year by year, the employment of the primary industry has shown an increasing trend. The non-agricultural industries has not been able to absorb employment in large quantities. At the same time, the low urbanization in southern Xinjiang is not conducive to the improvement of labor productivity.

Thirdly, analysis of reasons for the uncoordinated development of population and economy in southern Xinjiang based on Human Capital Theory.

The reasons for the uncoordinated of population and economy in southern Xinjiang are more complicated. This book is based on Human Capital Theory and discusses three reasons for the uncoordinated development of population and economy in southern Xinjiang. (1) The lack of human capital in southern Xinjiang is not conducive to the implementation of the national support policy. At present, the state has vigorously supported the southern Xinjiang, and has invested a lot of money. It has greatly improved the infrastructure of southern Xinjiang, supported the development of the industry, built a number of industrial parks, and has a large number of aid enterprises, but due to human capital insufficient, employees with low education level and lack of professionalism, the industrial development of southern Xinjiang encountered great difficulties. (2) Insufficient education at all levels also restricts the formation of human capital in southern Xinjiang. The bottleneck of bilingual education restricts the improvement of the quality of compulsory education in southern Xinjiang, which is not conducive to follow-up education and population movement. The serious lack of higher education restricts the formation of human capital in southern Xinjiang, which is not conducive to the improvement of residents'income level and industrial upgrading. The lack of vocational education restricts the industry in southern Xinjiang. The development of the professional quality of workers is not conducive to the industrial development of southern Xinjiang. (3) Traditional cultural thoughts restrict the formation of human capital in southern Xinjiang. The poverty culture in southern Xinjiang is not conducive to the formation of its market economy concept; the traditional birth culture in southern Xinjiang makes the rural population tend to be super-born; the women with lower education level in southern Xinjiang makes them more susceptible to have more children.

Fourthly, suggestions for promoting the coordinated development of population and economy in southern Xinjiang.

To promote the coordinated development of population and economy in southern Xinjiang, we can focus on the following aspects. First, to promote the transformation of traditional ideas and concepts. Second, to effectively implement the family planning policy. Third, to strengthen formal education investment, especially to pay attention to women's. Fourth, to strengthen vocational education to improve the quality training of laborers. Fifth, to promote the development of labor-intensive industries to absorb employment. Sixth, to promote population mobility and cross-provincial labor export. Seventh, to accelerate the establishment of counterpart support long-term mechanism.

目　录

绪　论 …… 1
第一章　研究基础 …… 21
第一节　国内外关于人力资本理论的研究 …… 21
第二节　国内外人力资本开发与欠发达国家和地区发展的经验 …… 31
第三节　南疆人口与经济关系相关文献综述 …… 35
第四节　相关理论与文献评述 …… 41
第二章　南疆人口与经济不协调发展的计量分析 …… 47
第一节　模型简介 …… 47
第二节　指标体系和数据来源 …… 49
第三节　计量分析及其结论 …… 51
第三章　南疆人口与经济不协调发展的主要表现 …… 60
第一节　南疆人口增长与经济增长不协调 …… 60
第二节　南疆教育水平与经济增长不协调 …… 75
第三节　南疆人口结构与经济发展不协调 …… 78
第四章　援助背景下南疆经济发展的人力资本困境 …… 86
第一节　援助政策及其实施成效 …… 86
第二节　人力资本不足使产业援疆遭遇招工困境 …… 92

第三节　仅靠国家援助难以激发南疆经济发展的内生动力 …………… 99
第五章　各级各类教育不足对南疆人力资本形成制约 ………………… 102
第一节　双语教育的瓶颈制约南疆义务教育质量提高 ……………… 103
第二节　高等教育严重缺乏不利于南疆人力资本形成 ……………… 107
第三节　职业教育不足不利于南疆产业工人素质养成 ……………… 111
第六章　传统文化思想对南疆人力资本形成制约 ………………………… 115
第一节　南疆的贫困文化不利于其人力资本形成 …………………… 115
第二节　南疆的传统生育文化不利于人力资本形成 ………………… 117
第三节　传统文化影响下农村妇女婚育和生育政策执行状况 ……… 119
第七章　结论与对策 ……………………………………………………… 137
第一节　南疆人口与经济不协调发展的主要结论 …………………… 137
第二节　促进南疆人口与经济协调发展的对策与建议 ……………… 139

参考文献 …………………………………………………………………… 146
附录 1　南疆育龄妇女生育意愿和生育行为调查问卷 ……………… 163
附录 2　南疆育龄妇女调查访谈资料 ………………………………… 170
附录 3　南疆入村调查访谈资料 ……………………………………… 178
附录 4　南疆中小学教育调查资料 …………………………………… 194
附录 5　南疆产业援助调查资料 ……………………………………… 205
后记 ………………………………………………………………………… 209

绪 论

人口问题始终是人类社会共同面对的基础性、全局性和战略性问题[1]，经济发展程度则关系到人的全面发展。新疆维吾尔自治区地处中国对外开放的前沿地带，是丝绸之路经济带建设的核心区域。南疆地处塔克拉玛干沙漠西南部，那里自然条件恶劣，人口基数大、增速快，居民受教育程度低，城市化水平低，仍未完成人口转变。南疆虽然已经建立起了市场经济体系和现代产业结构，但仍处于工业化初级阶段，人口发展与经济发展不协调状况明显。为深入研究南疆人口与经济不协调发展问题，探索其原因、总结规律，特进行本项研究。

一、问题的提出与研究意义

（一）问题的提出

中国共建“一带一路”倡议的提出，使新疆从中国传统对外开放格局中的“末梢”变成“前沿”，新疆维吾尔自治区相应提出“五中心、三基地、

① 《国务院关于印发〈国家人口发展规划（2016～2030年）〉的通知》，中国政府网，2017－01－25，http：//www. gov. cn/zhengce/content/2017－01/25/content_5163309. htm.

一通道”的战略部署。南疆是中国古丝绸之路的重要通道，也是新时期“丝绸之路经济带”中巴经济走廊的必经之地，在推动共建“一带一路”合作中具有重要的区位优势，人口与经济社会发展面临千载难逢的机遇，同时也面对巨大挑战。

2000年，“西部大开发”战略拉开了中国区域经济协调发展的序幕；2010年，新一轮“对口援疆”开始实行。《“十三五”促进民族地区和人口较少民族发展规划》明确提出，2020年中国要实现全面建成小康社会，少数民族地区也要同步迈入小康[①]。而随着世界上发达国家人口再生产模式已实现由低水平人口均衡向高水平人口均衡的转变，中国的人口再生产模式总体上已经完成了人口转变[②]。但是，在南疆四地州，2015年其人口自然增长率仍超过15‰，有些甚至超过20‰，超过新疆维吾尔自治区11.08‰的人口自然增长率，也远远超过4.96‰的全国平均水平[③]。这种人口非均衡增长的态势，给南疆人口与经济社会、资源环境的协调发展带来巨大阻碍。南疆四地州属国家级贫困区，经济社会发展滞后，人民生活贫困，教育发展落后，还没有摆脱“越穷越生，越生越穷”的恶性循环，人口与经济社会、资源环境的矛盾非常突出。然而，没有南疆人民的小康，就没有新疆的小康，也就没有全中国人民的小康。

2011年，“促进人口长期均衡发展”作为国家战略首先在国家“十二五”规划中提出；2016年，国家“十三五”规划纲要再次提出“促进人口均衡发展”的要求[④]；《国家人口发展规划（2016～2030年）》则明确提出：

---

① 《国务院关于印发〈“十三五”促进民族地区和人口较少民族发展规划〉的通知》，中国政府网，2017-01-24，http://www.gov.cn/zhengce/content/2017-01/24/content_5162950.htm.

② 《国务院关于印发〈国家人口发展规划（2016～2030年）〉的通知》，中国政府网，2017-01-25。http://www.gov.cn/zhengce/content/2017-01/25/content_5163309.htm.

③ 中华人民共和国国家统计局编：《中国统计年鉴2016》，中国统计出版社2017年版；新疆维吾尔自治区统计局编：《新疆统计年鉴2016》，中国统计出版社2017年版。

④ 《中华人民共和国国民经济和社会发展第十三个五年规划纲要》，新华社官网，2016-03-17. http://news.xinhuanet.com/politics/2016lh/2016-03/17/c_1118366322_10.htm.

“实施人口均衡发展国家战略，促进人口与经济社会、资源环境协调可持续发展，为全面建成小康社会、实现中华民族伟大复兴的中国梦提供坚实基础和持久动力。”① 中国社会科学院副院长蔡昉（2015）指出：“促进人口均衡发展的一个关键因素是合理的生育率水平，过高或过低的生育水平都会不利于人口与经济社会发展的均衡。”②

《国家人口发展规划（2016～2030年）》提出，“边境地区人口安全问题需高度关注”。不可否认的是，南疆四地州自然条件恶劣，经济社会发展落后，人口与经济发展不协调，其人口基数大、增速快、受教育程度低、城市化水平也较低，仍未完成人口转变。当地虽然已经建立市场经济体系和现代产业结构，但人口发展与经济发展不协调，仍处于低水平均衡状态，人口产业偏离度大，二元人口经济结构显著，仍属于工业化初级阶段。目前，南疆存在的诸多社会困境，同北疆以及内地近年来快速发展的现代化进程形成巨大反差，不仅不利于民族关系和谐与社会稳定，也可能给“三股势力”无形中衍生了活动条件。

2013年，习近平总书记提出精准扶贫理念；2018年3月21日，农业农村部召开“三区三州”产业扶贫对接会，专题研究部署“三区三州”产业扶贫工作。党的十九大报告进一步提出：“中国特色社会主义进入新时代，我国社会主要矛盾已经转化为人民日益增长的美好生活需要和不平衡不充分的发展之间的矛盾。”并强调“加快边疆发展，确保边疆巩固、边境安全”③。

因此，对南疆人口与经济不协调发展状况的研究在新时期显得尤其迫切，南疆人口与经济协调发展问题需要学术界予以深切关注，而这些问题正是本书所要深入研究的内容。

---

① 《国务院关于印发〈国家人口发展规划（2016～2030年）〉的通知》，中国政府网，2017－01－25.

② 蔡昉：《促进人口均衡发展》，《经济日报》，2015－11－12，http：//paper. ce. cn/jjrb/html/2015－11/12/content_281798. htm.

③ 习近平：《决胜全面建成小康社会 夺取新时代中国特色社会主义伟大胜利——在中国共产党第十九次全国代表大会上的报告》，《党的十九大报告学习辅导百问》，学习出版社、党建读物出版社2017年版，第9页、第26页。

（二）研究意义

本书立足人力资本理论，以习近平新时代中国特色社会主义思想以及人口学、经济学、人口经济学、经济社会学等学科的理论为指导，在文献研究、实地考察的基础上，探究南疆人口与经济不协调发展的原因并辅以实证，最后，提出促进南疆人口与经济协调发展的对策和建议。具体研究中，以人力资本理论做主线，以人口转变理论、经济发展阶段论为辅助，从民族、宗教和文化的维度，采用定性分析和定量分析相结合的方法，对国家援助背景下的南疆人口与经济不协调状况展开研究，无论从研究内容还是研究方法上都丰富了人口经济学、经济社会学等相关学科的研究内容，具有一定的理论意义。

人口是经济发展的主体和重要资源禀赋，当前，人口与经济发展不协调是南疆最基本的区情。将理论与实践相结合，寻找南疆人口与经济不协调发展的原因并提出对策，这项研究对南疆人民脱贫致富、南疆人口转变的迅速完成、南疆人口与经济协调发展，对中国小康社会的全面实现、对新疆丝绸之路经济带建设的顺利推进，对中国“两个一百年”奋斗目标的实现，对中国的西部国防安全，对中国的社会稳定、长治久安和民族团结均具有重要的现实意义。

二、概念界定

（一）人口发展及相关概念

人口发展是人口自身发展和人口与外部关系发展变化的过程，不同国家人口发展遵循一定的规律即一定的人口转变模式，中国少数民族人口发展也有其特有的规定性。

1. 人口发展

人口是经济和社会的基础。自马尔萨斯开始，人口学形成系统研究人口与人口发展的学科。作为总体的人口，首先具有一定的规模，人口又具有生物和社会两重属性，两重属性都会作用于人口规模。由于人口的生物属性，其具有出生、生长、死亡、性别、寿命和民族等特性。同时人口又具有社会属性，人口都是生活在一定的社会状态下的人口，不仅受社会生产力发展水平和生产关系性质的影响，而且受政治、军事、法律和意识形态等上层建筑的影响。

田雪原（2004）指出："人口范畴是融人口数量、素质、结构等各种属性于一体的统一体。生活在一定社会形态下的人口，有着特定的量的规定性和质的规定性。"① 人口数量，考察的是一定时间和地域内的人口总数，一定时点上的人口总数形成一定的人口规模。人口质量，是指人口总体上的质的规定性，是一定时间和地域的总体人口的素质，人口素质最根本的是人口的身体素质、文化素质和思想道德素质。人口结构，是指一定时间和地域内按一定的规定性划分的组合人口总体内部的比例关系，一般情况下，人口结构分为人口自然结构、地域结构和社会结构。在特定历史条件下形成一定的人口特征，同经济、社会发展程度紧密联系，是人口学研究的重要方面。

人口发展，是作为社会经济生活主体的人口随着社会经济条件的发展变化，其数量、质量、结构及人口与外部关系的不断发展变化，并由低级向高级运动的过程。人口既是社会历史发展的产物又是今后社会发展的起点，没有绝对静止、永恒不变的人口。人口发展的根本原因是社会生产方式的进步，生产力发展要求劳动者的数量和质量与之相适应，这是人口发展的最基本的推动力②（邱红，2012）。人口数量的变化，也称为人口增长。在一个封闭的人口中，人口增长取决于人口的自然增长，即出生人口数和死亡人口数的差额。在一个开放的人口中，人口增长还取决于人口的迁移增长，即迁入人口数与迁出人口数的差额。可见，一个开放人口的人口增长，包括人口的自然

① 田雪原：《人口学》，浙江人民出版社 2004 年版，第 6 页。

② 邱红：《人口学概论》，中央广播电视大学出版社 2012 年版，第 14 页。

增长和迁移增长，是两种增长共同作用的结果。人口发展不仅是人口数量的增减变化，也是人口质量诸方面的飞跃发展。随着社会的不断发展，人口质量发生了质的飞跃，人口的身体素质、文化教育水平不断提高，认识和改造自然的能力不断提高，人口与经济社会发展的关系更加和谐。人口发展还包括人口结构的变动，人口数量增减、质量高低都会导致人口结构的变化，人口结构变化是人口发展的内在机制。人口发展不仅表现为人口数量的增长，更重要的表现是人口质量的提高和人口结构的改变。

2. 人口转变及人口转变模式

在世界各国和各地区的现代化和工业化进程中，人类社会的基础——人口自身一般也会发生根本转变。1909 年，法国人口学家兰德里（A. Landry）较早发现并揭示了西欧现代化进程中的人口转变现象。1945 年，美国人口学家诺特斯坦（F. Notestain）提出"人口转变"[①] 这一术语，将人口再生产的出生率、死亡率和自然增长率由"高高低"—"高低高"—"低低低"（此为人口转变的"三阶段"划分，也有学者将其演绎为"四阶段"和"五阶段"）的过渡称为人口转变，并开启了人口转变的系统化研究，诺特斯坦指出现代化、城镇化是人口转变的主要原因。由于各国和各地区的经济发展水平的差异，人口转变各具特点，因此存在各种不同类型的人口转变模式。

基于国家层面，比较有代表性的人口转变模式有"欧洲模式"、"日本模式"和"中国模式"（李仲生，2009）。"欧洲模式"是指西欧的英国等发达国家在其长期的工业化进程中人口转变自发完成，其人口死亡率的下降主要得益于医疗卫生水平的提高和医疗普及，而出生率的下降则有赖于工业化及城市化的发展。在工业化、城市化进程中，人民生活水平逐步提高，生活方式发生变化，社会观念随之转变，节育避孕不仅被逐渐接受，且逐渐成为一种自觉行为，生育意愿由多生育转向少生育甚至不生育，生育率随之大

---

① F. Notestein, Population, The long View, in T. W. Schults, ed., *Food for the World*, University of Chicago Press, 1945, pp. 36 – 57.

幅下降。“日本模式”则是指第二次世界大战后日本在现代化进程中辅以家庭计划，于20世纪80年代末期快速完成人口转变。“中国模式”则是指中国在改革开放和计划生育政策的共同作用下发生的高速经济发展和快速人口转变。至20世纪末，中国的大部分地区已经完成了人口转变并进入低生育阶段。

基于地区层面，中国有学者针对中国区域人口转变的差异，提出中国人口转变的“苏南模式”。朱国宏（1992）认为，苏南人口在现代化程度较低且没有实行人口控制的条件下开始转变，到20世纪70年代初，当全国开始广泛实行计划生育政策时，苏南人口已经完成了转变。穆光宗（1993）认为，有三种力量促成了苏南的人口转变，即经济发展和社会变迁以及强有力的计划生育政策。而本书的研究则将涉及人口转变的“南疆模式”。

3. 中国少数民族人口发展

“种族”和“民族”的概念是人类学的重要概念，也是人口学研究的重要内容。尽管种族与民族这两个概念时常被混用，但它们两者的含义却不尽相同。鲍思顿等（2012）指出：“种族以生理特性为基础，而民族则与行为和文化特性密切相关。”① 中国学者很少将种族作为研究主体，而民族却是学者们研究时的一个基本单位。宋蜀华等（2001）指出：“民族名称的一般规律是从‘他称’转为‘自称’。生活在一个共同社区之内的人，如果不和外界接触不会自觉地认同。民族是一个具有共同生活方式的人们共同体，必须和‘非我族类’的外人接触才发生民族的认同，也就是所谓民族意识，所以有一个从自在到自觉的过程。”“中华民族作为一个自觉的民族实体，是近百年来中国和西方列强对抗中出现的，但作为一个自在的民族实体则是几千年的历史过程所形成的。”② 费孝通提出“中华民族多元一体格局”理论，即：

① 鲍思顿、张喻婷、邓晓丹、何蕾、马洛琳：《中国少数民族的人口学分析》，梁在主编：《人口学》，中国人民大学出版社2012年版，第73页。

② 宋蜀华、陈克进：《中国民族概论》，中央民族大学出版社2001年版，第3~10页。

第一，中华民族是包括中国境内56个民族的民族实体，并不是56个民族加在一起的实体；第二，形成多元一体格局有一个从分散的多元合成一体的过程，在这一过程中，汉族是一个起凝聚作用的核心；第三，高层次的认同并不一定取代或排斥低层次的认同。不同层次可以并行不悖，甚至在不同层次的认同基础上可以各自发展原有的特点，形成多语言、多文化的整体①。

20世纪80年代初，中国人口学者与其他学科学者一起积极开拓着“少数民族人口”这一领域的研究。1980年，王瑞玉等发文呼吁“应该重视少数民族人口的研究”②，自此，少数民族人口为中国人口学家所重视。中国的少数民族人口在数量上存在巨大差异，不同民族在人口结构、生育率以及受教育程度等人口及社会经济特征上同样表现出了不同的特征。依据人口发展理论，中国的少数民族人口发展是在不同文化语言背景下的各少数民族人口数量、素质和结构的发展变化，不仅包括各少数民族自身人口发展，而且还包括少数民族自身人口发展与当地经济社会、资源环境等之间关系的发展。

（二）经济发展及相关概念

经济发展是指随着经济增长而发生的社会经济各方面的变化，在现代化进程中，各国各地区遵循不同的发展规律，形成一定的发展模式，处在工业化的不同发展阶段。中国少数民族地区经济发展有其独特特点。

1. 经济发展

谭崇台（2008）指出，经济发展是指随着经济增长而发生的社会经济多方面的变化③。经济增长是指社会财富的增长、生产的增长或产出的增长。用统计术语说，经济增长是指国内生产总值（GDP）的增长，或国民生产总值（GNP）的增长，或国民收入（GNI）的增长。随着经济增长社会经济各

---

① 费孝通：《简述我的民族研究经历与思考》，《北京大学学报》（哲学社会科学版），1997(2)。

② 晏月平、吕昭河：《民族人口通论》，中国社会科学出版社2015年版，第1页。

③ 谭崇台：《发展经济学概论》，武汉大学出版社2015年版，第2~3页。

方面发生一系列的变化，这些变化包括：第一，投入结构的变化，即生产中投入要素的变化。第二，产出的变化，主要表现为产业结构的变化：是否农业的产值比重逐渐降低，工业逐渐超过农业，而进一步服务业占更大的比重。第三，一般生活水平和分配状况的变化。一般生活水平的上升表现在人均收入水平的提高或人均营养和居住条件的改善等。第四，卫生健康状况的变化，表现在婴儿死亡率高低、预期寿命的长短，以及医疗卫生公共基础设施水平的提高等。第五，文化教育状况的变化，表现在适龄儿童入学率、各级各类受教育水平人口比重及其变化等。第六，自然环境和生态的变化，表现在环境污染、生态失衡状况是否逐渐改善或者日益恶化。

2. 经济发展模式

现代化进程中世界各国、各地区经济发展的特点不同，遵循不同的发展规律。虽然国内外学者提出了对区域经济发展模式的各自观点，但由于其各自的立足点不同，导致对区域经济发展模式的理解也众说纷纭。归纳各种相关观点如下：尚勇敏、曾刚（2015）认为，经济发展模式与经济增长方式、经济发展方式、经济发展道路等从语义上较为接近，但在经济学的实质上存在较大差别。经济增长方式主要强调经济总量的增加，经济发展方式兼顾经济、社会、环境综合目标，经济发展道路主要强调国家和地区经济发展的总目标，而国内外学者对经济发展模式的论述，主要强调经济增长目标，近年来也开始强调区域经济、资源环境可持续发展目标①。而所谓经济发展，正如中国社会科学院学部委员金碚（2013）所说，“近代世界经济发展的主题是工业化，以及由工业化带动的城市化。工业化是迄今为止人类文明进程中最辉煌的阶段。工业化以无可比拟的强大力量创造了大量的物质财富。世界历史表明，绝大多数国家或地区都必须通过工业化才能实现经济和社会的现代化”②。马克思则在《资本论》第一卷中早就指出：“工业较发达的国家向

① 尚勇敏、曾刚：《区域经济发展模式内涵、标准的再探讨》，《经济问题探索》，2015（1）。

② 金碚：《全球竞争格局变化与中国产业发展》，经济管理出版社2013年版，第1~2页。

工业较不发达的国家所显示的，只是后者未来的景象。”[①] 可以说，今天所有在经济上处于欠发达的国家和地区都共同致力于工业化的目标，把它作为根本改变国家和地区面貌以及国际地位的战略性措施。可见，工业化是经济发展的实质。

虽然国内外学者各自提出了对经济发展模式的观点，但由于其各自的立足点不同，导致对经济发展模式的理解也众说纷纭。费孝通（1985）指出，区域经济发展模式就是特定区域在一定的历史条件下探索出的具有特色的经济发展的路径，是地区经济发展实践主要特征的综合反映[②]。世界经济发展情况表明，并不存在一套固定不变的经济发展模式，各国、各地区可以根据生产力发展的要求，在各个不同发展阶段创造出与之相适应的和有利于推动经济发展的经济发展模式。归纳国内外各种相关观点，区域经济发展模式理论主要研究经济增长方式、经济发展方式、经济发展道路等问题，并侧重经济发展路径、经济体制、空间格局、经济要素的内容（尚勇敏、曾刚，2015；郭熙保、马媛媛，2013[③]）。

在国际层面，国外学者从不同视角、不同区域，界定出了“东亚模式”和“拉美模式”等。在地区层面，在费孝通提出著名的“苏南模式”之后，我国学者相继提出“温州模式”、“珠江模式”、“天津模式”、“浦东模式”等概念。2000 年以来，国家对西部地区进行了大规模的投资；2010 年以来对新疆采取了对口援助战略；2013 年“一带一路”倡议提出以来，国家对南疆的援助进一步加强，从而形成独特的“南疆模式”。

3. 经济发展的阶段

由于工业化是现代经济发展的目标，因此，要科学认识某个国家或地区的经济模式，不仅要研究其经济发展方式和经济发展路径，还应该明确其经

---

① 《马克思恩格斯全集》第 23 卷，人民出版社 1975 年版，第 8 页。

② 费孝通：《小城镇四记》，新华出版社 1985 年版，第 62 页。

③ 郭熙保、马媛媛：《发展经济学与中国经济发展模式》，《江海学刊》，2013（1）。

济发展的阶段或工业化所处水平。衡量一个国家经济发展的阶段有多种方法，从国内外学术界已有的研究成果看，主要有以下几种划分方法：（1）罗斯托依据世界各国发展历史将经济成长阶段划分为六阶段：一是传统社会，农业居于首要地位，消费水平很低；二是从传统社会向起飞阶段的过渡时期，这一阶段世界市场开始扩大并产生影响；三是起飞阶段，突破经济的传统停滞状态阶段；四是成熟阶段，现代技术已被推广到各个经济旧的主导部门；五是高额群众消费阶段，工业高度发达；六是追求生活质量阶段①。（2）霍夫曼的工业内部结构四阶段划分法，即前工业化阶段、工业化初级阶段、工业化阶段和后工业化阶段②。霍夫曼通过消费品行业和资本品行业的产值比确定一个国家或地区到底处于什么发展阶段。（3）库兹涅茨的产值、就业结构的五阶段划分法，该理论认为产业结构的变动反映工业化的发展程度。从三次产业产值结构的变动看，在工业化初期，农业的比重较高，工业的比重较低；随着工业化的推进，农业的比重持续下降，工业的比重迅速上升，而服务业的比重只是缓慢提高③。工业的扩展引起产业结构的迅速转变，这种产业发展的转变又带动了就业结构变动，因此，产业结构和就业结构变动的一般趋势反映了工业化演进的阶段性。（4）钱纳里的人均收入阶段划分法。钱纳里等人从结构转变过程的角度将各国的人均收入水平划分为三个变动阶段，即将工业化分为准工业化阶段、工业化时期和后工业化阶段三个阶段，并将工业化时期又细分为工业化初期、中期和后期三个阶段④。钱纳里对经济结构转变过程的分析，包括了从不发达经济到成熟工业化的全过程，并对引起经济结构转变的各转折点的人均收入指标给予了具体划分。

4. 中国少数民族地区经济

作为中国整个国民经济不可缺少的一部分——西部少数民族地区经济，

---

① ［美］罗斯托：《经济成长的阶段——非共产党宣言》，国际关系研究所编译室译，商务印书馆 1962 年版，第 9 页。

② W. G. Hoffmann, *Industrial Economics*. Manchester University Press, 1958, pp. 2 – 6.

③ ［美］西蒙·库兹涅茨：《各国的经济增长》，商务印书馆 1985 年版。

④ ［美］霍利斯·钱纳里：《工业化和经济增长的比较研究》，吴奇等译，上海三联书店 1995 年版。

在中国实现“两个一百年”奋斗目标中具有重要地位，并将起到越来越明显的作用。中国的西部少数民族地区具有鲜明的地域特点，施正一将其概括为五个方面[①]：（1）民族成分多；（2）分布地区广；（3）国境边界线长；（4）地形复杂；（5）自然资源丰富。从中国西部地区的经济社会发展状况来看，在西部少数民族地区这个整体概念中，还可以划分出一些不同层次的较小的地区概念，如西北少数民族地区和西南少数民族地区。新疆是西北少数民族地区之一。施正一指出，新疆具有三个主要特点：（1）地处欧亚大陆中心，地区总面积在全国最大；（2）自然条件优越，海拔虽高但气候较好，矿产资源极为丰富；（3）新疆是中国经济建设中尚待开发的一块宝地。施正一还指出，中国西部少数民族地区经济发展的落后性，是从相对意义上来说，而不是从绝对意义上来说的。西部少数民族地区经济发展最明显的特点是：（1）自身纵向比较，速度高，变化快，成绩大；（2）与东部、中部横向比较，数量小，质量差，水平低，差距大；（3）与全国平均水平比较，差距还有扩大的趋势。

（三）人口与经济协调发展

人口与经济协调发展是一个古老而新潮的问题，从人口经济关系发展的历史来看，人口与经济协调发展，不仅包含人口数量与经济协调发展的内容，也包含人口质量、人口结构与经济协调发展的内容。

人口与经济协调发展问题，很早就引起中外学者和思想家的关注。古希腊和古代中国的思想家均提出了人口与经济均衡发展的思想和政治主张。中国古代的道家儒家等学派都有丰富的均衡思想，其中，最具代表性的是“天人合一”的思想。老子提出“人法地，地法天，天法道，道法自然”[②]；汉代

① 施正一：《施正一文集》，中央民族大学出版社 2015 年版，第 477～487 页。

② 《道德经》（第二十五章）。

董仲舒则提出“天人之际，合而为一”[①]。中国古代“天人合一”的哲学思想启示人们：人与自然之间存在着关联性，人与自然必须和谐共生。古希腊思想家柏拉图在其《理想国》一书中提出，最理想的人口状态是城邦国家的人口潜能能够得到充分发挥的状态，理想的城邦国家有必要设计最令人满意的、适度的市民人数，为此，他甚至提出最适宜的人口数应是5040个市民[②]。随着经济社会的发展，人们对人口经济关系的认识不断深入。

20世纪之前，人们对人口与经济协调发展问题的研究主要关注的是人口数量与经济的协调发展。在马尔萨斯之前，学者们大都认为人口增长会促进经济发展；直到马尔萨斯认为资本主义初期人口增长过快会阻碍经济的发展，但之后的凯恩斯则主张有效需求不足时需要鼓励人口增加。20世纪初期，坎南提出了“经济适度人口”，即“产业获得最大收益时的人口”。20世纪中叶，索维在其《人口通论》中指出，适度人口就是在最有利的条件下达到最高生活水平的人口，即获得最大经济福利的人口。索维还从技术进步和生产率水平提高角度分析适度人口，指出“技术进步可使最高人口和生活水平都有所提高”[③]。技术进步有助于生产工作量的增加，从而使就业人数和适度人口数都有所提高。可见，适度人口涉及人口总量、技术进步水平、经济发展水平，人口是否适度具体表现为是否充分就业以及人民生活水平的高低。

20世纪中叶，学者们认识到人口素质的提高是技术进步的必要条件，人口素质的提高将促进技术进步和经济快速发展。舒尔茨、贝克尔等开始关注人口质量对经济的推动作用，人力资本理论应运而生。人力资本成为经济增长的内生变量，进而促进经济发展、产业结构不断升级，人口的社会结构也会发生变化，城市化水平逐渐提高。西方发达国家以及东亚发展中国家的腾飞均表明，人力资本的投资使这些国家的人口经济在更高的层次协调发展。

---

① 《春秋繁露·深察名号》。

② 佟新：《人口社会学》，北京大学出版社2010年版，第26~27页。

③ ［法］阿尔弗雷·索维：《人口通论》（上），查传瑞等译，商务印书馆1983年版，第164~165页。

20世纪末期，人们认识到，工业化加快了经济发展的同时，世界人口也在急剧增加，因此，学者们提出了可持续发展理论。在一些发展中国家，经济发展滞后，人口增长迅速，贫困人口不断增加，而人类生存所依赖的许多基本资源在枯竭，生态环境急剧恶化，这样的人口经济关系是不可持续和不协调的发展模式。1992年，联合国巴西世界环境与发展大会上通过的《21世纪议程》等文件指出："为了实现可持续发展，使所有人民都享有较高的生活素质，各国应当减少和消除不能持续的生产和消费形态，并推行适当的人口政策，以满足当代需要而又不影响后代满足自身需要的能力"，并强调缩小世界上大多数人生活水平上的差距是实现可持续发展的绝对必要条件。

中国学者在21世纪初期开始针对人口均衡问题进行深入的探讨。李建民（2010）将人口均衡发展定义为，一个国家或地区的人口各要素变化之间的平衡，及其与外部关系的协调，并使人口的数量、质量、结构和分布等向更高级均衡状态发展的过程①。穆光宗（2011）提出，"人口均衡"同国外学者说的"人口平衡"（Population Balance）实际上应该是一个概念，就是人口自身协调发展，其外延包括人口的性别结构、年龄结构和分布结构相对平衡的状态②。翟振武（2013）认为，人口均衡就是指人口发展与经济、社会发展水平相协调，与资源、环境承载能力相适应，并且人口总量适度、人口素质全面提升、人口结构优化、人口分布合理，以及人口系统内部各要素之间协调平衡发展③。翟振武还在2010年7月中国人口学会主题为"促进人口长期均衡发展"的年会上提出，要将建设"人口均衡型"社会与"资源节约型"社会、"环境友好型"社会统一为"三型社会建设"。蔡昉（2015）则指出，促进人口均衡发展的一个关键因素是合理的生育率水平④。

可见，人口与经济协调发展涉及人口的数量、质量、结构与经济协调发

① 李建民：《论人口均衡发展及其政策涵义》，《人口与计划生育》，2010（5）。
② 穆光宗：《构筑人口均衡发展型社会》，《北京大学学报》（哲学社会科学版），2011（5）。
③ 翟振武：《建设人口均衡型社会》，《求是》，2013（23）。
④ 蔡昉：《促进人口均衡发展》，《经济日报》，2015-11-12。

展问题。从人口数量与经济协调发展来看，虽然不需要精确的指标度量适度人口，但人口的生活水平和就业水平均可以体现人口是否适度，从长远来看，适度人口应该是能够推动人口与经济社会、资源环境可持续发展，不仅满足当代人的需要，还能够不危害后代人的发展的人口；从人口质量与经济协调发展来看，更高的人口质量将促进经济向更高水平发展；从人口结构与经济协调发展来看，人口数量、质量与经济协调发展决定着人口的自然结构、社会结构是否与经济协调发展。

三、研究设计

（一）研究对象

南疆地区的国家级集中连片特殊困难地区，即南疆四地州片区（以下简称南疆四地州）的阿克苏地区、克孜勒苏柯尔克孜自治州、喀什地区、和田地区（以下简称 阿克苏、克州、喀什、和田），既是贫困高发地区，又是少数民族（主要是维吾尔族）聚居区，一直以来都是中国扶贫攻坚的主战场，贫困发生率较高。本书将以南疆四地州的人口与经济不协调发展状况为研究对象，研究南疆人口经济关系问题。

研究中会将南疆四地州与全国及新疆的其他地州做比较，由于地名大都很长，所以先在这里约定地名的简称如表 0－1 所示。

表 0－1　　本书涉及的自治区、区域和地级地区的简称

地区名称	本书简称	所属区域区域
新疆维吾尔自治区	新疆、全疆、自治区	
乌鲁木齐市	乌鲁木齐	北疆
克拉玛依市	克拉玛依	北疆
吐鲁番市	吐鲁番	东疆
哈密地区	哈　密	东疆
昌吉回族自治州	昌　吉	北疆

续表

地区名称	本书简称	所属区域区域
伊犁哈萨克自治州直属县（市）	伊犁州直	北疆
塔城地区	塔　城	北疆
阿勒泰地区	阿勒泰	北疆
博尔塔拉蒙古自治州	博　州	北疆
巴音郭楞蒙古自治州	巴　州	南疆
阿克苏地区	阿克苏	南疆、南疆四地州
克孜勒苏柯尔克孜自治州	克　州	南疆、南疆四地州
喀什地区	喀　什	南疆、南疆四地州
和田地区	和　田	南疆、南疆四地州

（二）研究内容

本书将依据《新疆维吾尔自治区2000年人口普查资料》（以下简称《2000年新疆人口普查资料》）、《新疆维吾尔自治区2010年人口普查资料》（以下简称《2010年新疆人口普查资料》）、《新疆统计年鉴》（2001～2017）、《中国统计年鉴》（2001～2017）等官方统计数据及笔者的实地调查资料，以习近平新时代中国特色社会主义思想以及人口学、经济学、人口经济学、经济社会学等学科理论为指导，研究南疆人口与经济不协调发展问题。具体研究内容如下：（1）国内外相关理论和文献综述。（2）南疆人口与经济不协调发展的计量分析。（3）南疆人口与经济不协调发展的主要表现。（4）南疆人口与经济不协调发展的主要原因。（5）促进南疆人口经济协调发展的对策和建议。

（三）研究思路

如图0－1所示，本书的研究思路主要有以下几点：

（1）援助是南疆人口经济发展的主要背景，国家援助政策将惠及南疆的基础设施、民生、产业、就业、教育等公共服务以及交流交往等。

（2）人口发展是人口数量、人口素质、人口结构的发展变化，传统文化思想和计划生育政策以及援助措施都将影响人口发展，人口转变是人口发展的内在规律。

（3）经济发展是经济增长基础上的产业结构优化、人口结构优化和经济质量提高，工业化水平可以用经济发展阶段论来衡量。

（4）经济发展与人口发展是相互作用的。从人口发展出发，人口发展促进人力资本提高，援助增加了经济发展的物质投入，依据人力资本理论，在一定的自然资源条件和技术条件下，人力资本和物质资本共同推动经济发展。本书主要探讨南疆人口发展对当地人口与经济协调发展的影响，而经济发展对人口发展的作用不是本书的研究重点。

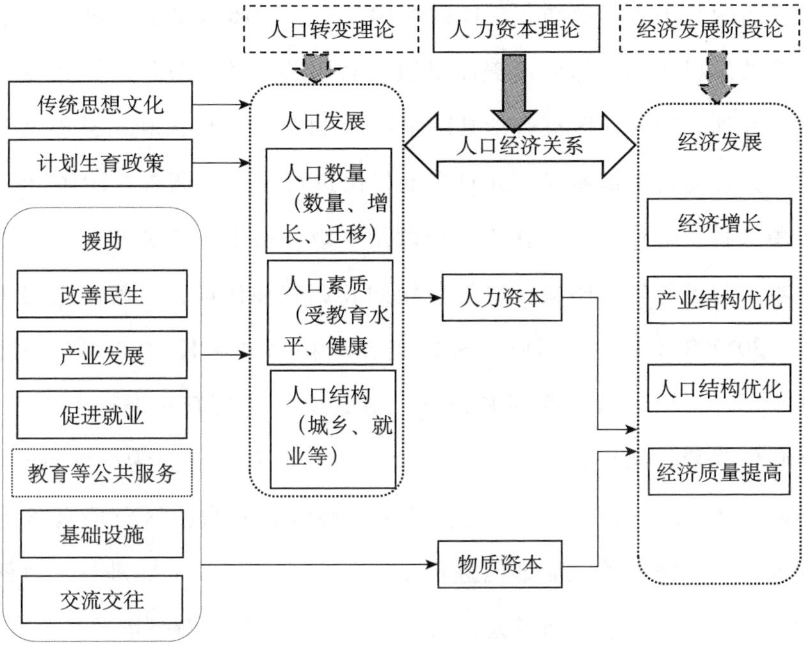

图0－1　研究路线图

（四）研究方法

本书主要采用实地调查研究和文献研究相结合以及定性分析和定量分析相结合的研究方法。

1. 实地调查研究和文献研究相结合的方法

笔者首先收集了南疆四地州人口与经济社会等方面的相关文献和数据资料，包括《2000 年新疆人口普查资料》、《2010 年新疆人口普查资料》、《新疆统计年鉴》（2001 ~2017）、《中国统计年鉴》（2001 ~2017）等，并进行文献研究和分析整理。

在文献研究的基础上，笔者五次深入考察了南疆深度贫困地区的人口生育、产业发展和学校教育情况。2015 年 8 月，考察了阿克苏的浙江省对口援疆前方指挥部，与援疆干部座谈；走访了阿克苏纺织工业城的华孚集团、巨鹰服装公司等援疆企业；走访了喀什发展和改革委员会、喀什的深圳产业园，并考察了疏附县山东如意纺织集团的援疆项目。2016 年 8 月，考察了喀什深圳产业园的思科集团和深圳市美丽奥服装有限公司喀什分厂、广州城、综合保税区；并深入喀什地区英吉沙县萨罕乡 A 村、和田地区和田县巴格其镇 Q 村实地考察，与村干部座谈，并对当地村民进行了入户调查。2016 年 11 月，对和田墨玉县、喀什麦盖提县的县级以及乡级普通中小学和职业中学进行了实地考察，与各校教师座谈，对学生做问卷调查和访谈，了解南疆的学校教育情况。2017 年 1 月，又对喀什地区英吉沙县萨罕乡 K 村和 A 村的驻村干部、村干部、村民进行了座谈和访谈，对数十位育龄妇女进行了深入访谈，并对 200 位育龄妇女进行了《育龄妇女生育意愿和生育行为问卷调查》，收回调查问卷 200 份。2017 年 11 月，还到新疆维吾尔自治区首府乌鲁木齐市对南疆人口、经济相关职能部门进行了走访，并与相关干部进行了座谈，了解自治区政府相关部门对南疆人口与经济社会发展的最新举措及其落实情况。通过多次对南疆人口与经济社会的深入考察，获得了大量的第一手资料。

需要特别说明的是，为保护受访者的隐私，本书隐去了考察中所涉及的个人受访者姓名、村庄名字以及学校名字。

2. 定性分析和定量分析相结合的研究方法

通过文献研究和实地调查研究，对南疆人口与经济不协调发展状况做了定性分析；构建了人口经济差异指数，采用一般相关和空间自相关分析方法对南疆人口与经济的不协调性做出定量分析。通过定性分析和定量分析相结合的方法找到南疆人口与经济不协调发展相对客观的原因并提出促进其协调发展的对策和建议。

四、创新点和不足之处

（一）主要创新点

本书有以下三点创新：

1. 丰富了人口经济学中援助与深度贫困地区人口与经济协调发展的研究思路

基于人力资本理论，结合人口转变理论和经济发展阶段论，本书研究了特殊扶持政策下南疆贫困地区人口与经济不协调发展问题。本研究指出，南疆的传统文化思想相对落后、各级各类教育水平相对较低，不利于南疆的人力资本形成和经济发展。虽然国家对南疆的扶持已经初见成效，但是国家的产业就业扶持政策放低了对人口素质的要求，从而难以激发当地人口与经济发展的内生动力，由于人力资本难以形成，“输血”功能难以转变为“造血”功能。这个结论丰富了人口经济学中国家扶持与贫困地区人口经济关系的研究内容，对于深入研究国家援助与深度贫困地区人口与经济协调发展问题提供了新思路。

2. 充实了人口经济学中民族、宗教和文化维度的研究内容

民族是一个历史范畴，宗教具有非经济倾向并深刻影响着南疆人口生产生活的各个方面，文化则是相对于政治、经济而言的人类全部精神活动及其活动产品。民族、宗教和文化是影响民族地区人口与经济协调发展的重要特性。本书将民族、宗教和文化作为研究南疆人口与经济不协调发展的重要维度，结合人口学、经济学、人口经济学、经济社会学等学科的理论探讨南疆少数民族地区的民族、宗教和文化特性对人口生

育意愿、教育观念、市场观念的影响，进而研究其对人力资本的形成和经济发展的影响。这方面研究充实了人口经济学中民族、宗教和文化维度的研究内容。

3. 构建了深度贫困边疆地区——南疆人口经济差异指数及影响因素指标体系

由于新疆县级地区的统计数据不足，不能照搬其他学者对国家级或省级区域的指标体系进行分析，本书借鉴人类发展指数和省级人口均衡发展评价指标体系构建了深度贫困边疆地区——南疆人口经济差异指数及影响因素指标体系，并对南疆人口经济差异指数及其影响因素进行一般相关分析，对南疆人口经济差异指数做空间相关分析。

（二）不足之处

本项研究有两点不足：

1. 数据质量问题引起的结论偏差

首先，官方统计数据存在质量问题。例如，人口普查数据存在瞒报漏报等质量问题，只能部分反映南疆人口与经济发展的现状；统计年鉴和普查资料中部分指标没有县级数据；人口普查数据和统计年鉴数据有些统计口径不一致，由此使得数据分析的比较会出现一定偏差。

其次，调查数据存在质量问题。由于语言障碍，需要使用民族语言做问卷调查和访谈，虽然有维吾尔族大学生和研究生一起做调研工作，但是难免有不到之处。由于当地农村人口的受教育程度相对较低，并存在语言障碍，对一些观点和说法的理解有偏差，所以问卷质量也有一定的不足。

2. 理论研究中难免有疏漏之处

南疆人口与经济协调发展问题是一个涉及人口、经济、社会、民族、宗教、文化、制度等多种因素的复杂问题，本书试图以人力资本理论为主线展开讨论从而抓住南疆人口与经济不协调发展问题的主要矛盾，由于笔者的能力有限，理论分析中难免疏漏之处，敬请各位专家批评指正。

第一章　研究基础

人力资本理论作为研究南疆人口与经济不协调发展状况的理论基础，是本书的核心理论，本章首先将对国内外关于人力资本理论的研究做简要回顾；其次，本章将综述国内外人力资本开发与欠发达国家和地区发展的经验；再次，本章还将对南疆人口与经济关系的相关文献做简要梳理；最后将对相关理论与文献进行评述。

第一节　国内外关于人力资本理论的研究

国内外思想家或学者很早就认识到人力资本的重要性。春秋战国时期，齐国的管仲（约前 723 ~ 前 645）就指出："一年之计，莫如树谷；十年之计，莫如树木；终身之计，莫如树人。一树一获者，谷也；一树十获者，木也；一树百获者，人也。"① 中国古代先哲视对人力资本的投资为一本万利的事情。西方自古也很重视人力资本，在古典经济学时代，英国古典政治学家威廉·配第（William Petty）就提出"土地是财富之母，劳动是财富之父"的著名论断；西方古典经济学集大成者亚当·斯密（Adam Smith）则将劳动

① 《管子·权修》。

作为国民财富增长的重要资源，并“大胆地将全体国民后天获取的有用的能力，全部算作是资本的一部分”①。1961年，舒尔茨首先提出明晰的人力资本概念，此后人力资本理论逐渐形成并系统化，进而得到国内外学者的广泛而深入的研究，并在实践中得到广泛应用。

一、国外关于人力资本理论的研究

20世纪中叶，美国经济学家舒尔茨（Theodore W. Schultz）创立了人力资本理论，随后，贝克尔（Gary S. Becker）等学者对人力资本的认识逐渐系统化和深化，索洛将人力资本作为经济发展的外生变量，罗默和卢卡斯则进一步将人力资本作为经济增长的内生变量。人力资本理论不仅解释了发达国家经济发展的动力，也为发展中国家的经济发展提供了借鉴。

（一）人力资本概念的提出

20世纪60年代，人力资本理论的创始人舒尔茨提出了较为清晰准确的人力资本概念，并在宏观层面对人力资本进行了深入研究，为之后学者研究人力资本理论及其在各个领域的应用奠定了基础。

舒尔茨把人的知识和技能认定为人力资本，他指出：“好多我们称之为消费的东西，就是对人力资本的投资。直接用于教育、保健以及为了取得良好就业机会而用于国内移民的费用，便是明显的例子。上学的成年人和接受在职培训的工人所放弃的收入是同样明显的例子。”② 舒尔茨强调人力资本在现代经济发展中的决定性作用，他进一步指出，“人类的许多经济才能都是通过带有投资性质的活动逐步发展起来的。事实证明，这类人力方面的投资

① ［美］西奥多·W. 舒尔茨：《论人力资本投资》，吴珠华等译，北京经济学院出版社1990年版，第3页。

② ［美］西奥多·W. 舒尔茨：《论人力资本投资》，吴珠华等译，北京经济学院出版社1990年版，第1页。

绝非微不足道，恰恰相反，它们对于从根本上改变储蓄和资本形成总量的通常衡量方式具有重大意义”①。

舒尔茨进一步强调，美国人力资本投资对经济增长的贡献超过劳动和物质资本的投入；并指出，许多经济学家都发现，自 1929 年以来大量迹象表明，人力资源质量的改进是经济增长的一个重要源泉。根据库兹涅茨的估算，产业间劳动力转换所造成的收入增长占人均总收入增长的 4/10，而其余 6/10 则可能主要是投资于技术及有关能力的收益②，即人力资本的收益。

舒尔茨特别关注人力资本对贫穷国家和地区的发展的作用，他指出，“改善穷人的福利之关键因素不是空间、能源和耕地，而是提高人口质量，提高知识水平”。“土地本身并不是使人贫穷的主要因素，而人的能力和素质确实是决定贫富的关键。旨在提高人口质量的投资能够极大地有助于经济繁荣和增加穷人的福利。对儿童的关怀照顾，在家庭及工作方面的经验，通过学校教育获得知识和技能以及其他在健康和教育方面的投资，都可以提高人口质量。”③

（二）人力资本理论的系统化

加里·S. 贝克尔（Gary S. Becker）则在舒尔茨人力资本宏观研究成果的基础上，建立了人力资本理论的微观基础，使对人力资本的分析形成一个框架，从而使人力资本理论系统化。

从人力资本的内涵来看，贝克尔在舒尔茨理论成果的基础上进一步指出："从改善健康、提高收入或在某人的一生中提高个人文学鉴赏水平这些意义上来说，上学、计算机培训课程、医疗保健支出，以及一个关于准时、诚信的好处的讲座也是一种资本。所以，教育、培训、医疗等是人力资本投资的说法完全符合资本的传统定义。”④ 但这种资本与实物和金融资本的不同之处

① ［美］西奥多·W. 舒尔茨：《论人力资本投资》，北京经济学院出版社 1990 年版，第 17 页。
② ［美］西奥多·W. 舒尔茨：《论人力资本投资》，北京经济学院出版社 1990 年版，第 20 ~ 21 页。
③ ［美］西奥多·W. 舒尔茨：《论人力资本投资》，北京经济学院出版社 1990 年版，第 40 ~ 44 页。
④ ［美］加里·贝克尔：《人力资本》，陈耿宣等译，机械工业出版社 2016 年版，第 1 ~ 2 页。

在于，人们在教育、培训、医疗等方面的资本投资是一种无法与人剥离开来的资本。

贝克尔指出，教育和培训是重要的人力资本投资，并且强调，学习和培训不仅发生在学校之内，也发生在学校之外，特别是在工作中。贝克尔指出："即使是大学毕业生，当他们离开学校的时候，他们也没有对进入劳动市场做好充分的准备，而且他们要通过正式和非正式的培训项目来适应他们的工作。在职工作培训的时间长度从类似洗碗工这种简单工作的一小时左右到类似汽车工厂工程师这种复杂工作的几年不等。""随着劳动者在工作中积累更多的经验，在职培训是收入大幅增长的重要原因。"①

从微观层面来看，贝克尔认为人们的支出可以划分为两类：一类是现时享受所付的支出；另一类则是为了未来获取更高福利所付的支出，人力资本投资则属于后一种，人们在进行人力资本投资时，不仅仅是提高自身劳动技能、知识与才干，健康以及寿命等方面也都属于人力资本投资范畴。

贝克尔强调要重视对人力资本的研究不能忽视家庭对知识、技能、价值和儿童习惯的影响。"一些孩子是有优势的，因为他们出生于那些能力更强、更强调儿童被早教以及具备其他有利文化特性和基因特性的家庭。无论从生物上还是从文化上，一个人的DNA和其家庭文化都是从父母那里传递到孩子的。"② 不同收入水平家庭对人力资本投资的能力和态度一般是不同的。贝克尔进一步还研究了生育率与婚姻的关系，提出不同家庭生育孩子的数量质量替代关系。一般富裕家庭倾向于较少数量和较高质量的孩子，最佳孩子数量的一阶条件是孩子的边际效用和边际成本相等③。

贝克尔还对人力资本进行了实证分析，测算了高中教育和大学教育的投资回报率，以及不同年龄、收入、财富与人力资本的关系。通过对不同收入

---

① ［美］加里·贝克尔：《人力资本》，机械工业出版社2016年版，第12～16页。

② ［美］加里·贝克尔：《人力资本》，机械工业出版社2016年版，第225页。

③ ［美］加里·贝克尔：《家庭论》，王献生等译，商务印书馆1998年版，第273页。

人群的工资收入按一定标准分组测算其人力资本投资回报率。年龄—收入曲线表明，随着人力资本的增加，年龄收入越来越陡峭，因此，大多数人力资本投资，例如学校教育、在职教育或移民，一般都提高了老年时的收入。

宏观上看，在人力资本投资与国家和地区经济发展的关系方面，贝克尔指出，把科学知识系统地应用到产品生产上大大提高了教育、技术教育和在职培训的价值。人力资本理论解释了美国、日本以及许多欧洲国家在过去100年乃至更长时间内人均收入持续增长的原因。面对西方的歧视和国内资源的稀缺，“亚洲四小龙”正是依靠训练有素、教育良好、工作努力并且认真尽责的劳动者迅速发展起来的。

（三）人力资本理论的深化

1. 人力资本成为经济增长的内生变量

索洛首次建立在新古典经济学框架内的经济增长模型，又称新古典增长模型或外生经济增长模型。该模型修正了哈罗德—多马模型（Harrod—Domar model）的生产技术假设，采用了资本和劳动可替代的新古典柯布—道格拉斯生产函数，从而解决了哈罗德—多马模型中经济增长率与人口增长率不能自发相等的问题。索洛发现，从长远来看，不是资本的投入（积累）和劳动力的增加，而是技术进步才是经济增长的最根本因素。

20世纪80年代，新经济增长理论兴起标志着人力资本理论的进一步发展。新经济增长理论的核心是构建人力资本内生化的新经济增长模型。该时期研究人力资本经济效应的代表性模型主要有美国经济学家阿罗（Kenneth J. Arrow）的“干中学”模型、美国经济学家罗默（Paul Romer）的“内生经济增长”模型及卢卡斯的“人力资本溢出”模型等。

阿罗是尝试将人力资本内生化的第一人，他从柯布—道格拉斯生产函数出发推导出规模收益递增的生产函数，提出“干中学”模型。该模型将技术进步作为内生变量分析其对经济长期增长的贡献率。该模型表明，知识和技术进步具有一定的溢出效应，使得总体经济活动表现出收益递增。

罗默引入知识因素而构建起一个“知识溢出”模型，在此基础上发展了“内生经济增长”模型，将劳动分为简单劳动和熟练劳动，该模型表明人力资本的投入带来技术进步进而带动资本存量的增加，最终推动经济总量增加。

卢卡斯基于索洛模型，将人力资本作为独立因素纳入到经济增长模型中而构建起“人力资本溢出”模型。该模型表明，人力资本主要通过两种途径促进经济增长：一种是人力资本的溢出效应推动经济规模收益增加；另一种是人力资本通过内部效应作用到有效劳动数量进而扩大经济产出。

新经济增长理论的重要内容之一是把新古典增长模型中的“劳动力”的定义扩大为人力资本投资，即人力不仅包括绝对的劳动力数量和该国所处的平均技术水平，而且还包括劳动力的受教育水平、生产技能训练和相互协作能力的培养等，这些统称为“人力资本”。罗默 1990 年提出了技术进步内生经济增长模型，他在理论上第一次提出了技术进步内生经济增长模型，把经济增长建立在技术进步内生上。技术进步内生经济增长模型的基础是：（1）技术进步是经济增长的核心；（2）大部分技术进步是出于市场激励而导致的有意识行为的结果；（3）知识商品可反复使用，无需追加成本，成本只是生产开发本身的成本。

按曼昆、罗默和魏尔（1992）的生产函数①：

$$Y = K^{\alpha} H^{\beta} \ (AL)^{1-\alpha-\beta}。$$

其中，Y 是总产出，K、H 和 L 分别是物质资本存量、劳动力投入量和人力资本（无形资本）存量，A 表示技术水平。这里产出的增加由资本增加、劳动增加、人力资本（无形资本）以及技术水平共同贡献，并且这里的 α、β 均为 1/3。

2. 人力资本理论在发展经济学中的应用

随着人力资本理论的系统化和深入，许多经济学家都关注发展中国家的

① ［美］格里高利·曼昆：《宏观经济学》，张帆等译，中国人民大学出版社 2010 年版，第 30 页。

人力资本投资、收益及相关问题。

发展经济学家大都认同教育投资具有较大回报率。德怀特·H. 波金斯等指出："平均来讲，受过较多学校教育的人比受过较少学校教育的人的收入更高。很少有经济结果像收入与学校教育之间的关系一样明确。""通过上学，个人希望获得人力资本，可以使自己更富有生产力，因而可以得到更好的报酬。不管是成为农民还是商人、劳动者还是技工、专业人士还是政府官员，这一关系都成立。"世界银行的经济学家乔治·萨卡拉波罗斯（George Psacharopoulos）和哈里·帕特里诺斯（Harry Patrinos）对教育作为一种投资在不同收入类型国家的收益率进行了测算，如表 1-1 所示，在所有收入类别的国家中，所有层次的学校教育的收益率都很高，几乎都是两位数。与其他投资的收益率相比，教育投资的收益率显而易见[①]。迈克尔·P. 托达罗（Michael P. Todaro）和斯蒂芬·C. 史密斯（Stephen C. Smith）也指出，教育、卫生和其他人力资本，当这些变量增加时可以提高生产力，由于教育的扩张和卫生的改善，将产生更多的资金流。对委内瑞拉的各层次教育的年收入的研究表明，不同教育程度的人口的年收入的差异，虽然受高水平教育的人开始全职工作时年纪较大，但是，他们的收入迅速超过了那些较早工作的人[②]。

表 1-1　　不同层次学校教育在不同收入类别国家中的收益率　　单位：%

收入类别	私人收益率			社会收益率		
	小学	中学	大学	小学	中学	大学
低收入	25.8	19.9	26.0	21.3	15.7	11.2
中等收入	27.4	18.0	19.3	18.8	12.9	11.3
高收入	—	12.2	12.4	—	10.3	9.5

① ［美］德怀特·H. 波金斯、斯蒂芬·拉德勒、戴维·L. 林道尔：《发展经济学》，彭刚等译，中国人民大学出版社 2013 年版，第 234～253 页。

② ［美］迈克尔·P. 托达罗、斯蒂芬·C. 史密斯：《发展经济学》，余向华等译，机械工业出版社 2010 年版，第 236～237 页。

发展经济学家特别关注女性受教育。托达罗（Michacl P. Todaro）等对发展中国家女性受教育情况的研究表明，几乎在所有发展中国家，年轻女性接受的教育都比年轻男性少很多。他们指出："近年来，108 个国家中 66 个国家，女性的初等教育和中等教育入学率都比男性低 10%。这种教育的性别差距在最穷的国家最大，分布在中东和北非地区。"① 波金斯等指出："让女孩接受教育的社会收益率似乎更高，因为让女孩接受教育会产生正的健康和生育方面的外部性。"②

发展经济学的研究还表明，教育是城乡间移民以及国际智力外流的一个重要因素。对不同国家中移民问题的大量研究证明了个人教育与其从农村向城市移民的倾向之间存在着正相关关系。从基本面上来看，高学历的人比低学历的人在城乡面临的工资级差更大③。谭崇台的研究指出，发展中国家在国内完成学业后的高级专门人才如工程师、科学家、医生、教授等中有部分为谋求经济收益的提高迁移到其他国家特别是发达国家④。

二、国内关于人力资本理论的研究

国内学者对人力资本理论的研究起步相对较晚，最初的研究主要是借鉴西方的人力资本理论，将其应用到国内的实际问题。随着经济的发展，人力资本理论在国内的应用也日益广泛，下面简要回顾国内学者在人力资本的测度以及人力资本与经济增长的关系方面的研究。

---

① ［美］迈克尔·P. 托达罗、斯蒂芬·C. 史密斯：《发展经济学》，余向华等译，机械工业出版社 2010 年版，第 240 页。

② ［美］德怀特·H. 波金斯、斯蒂芬·拉德勒、戴维·L. 林道尔：《发展经济学》，彭刚等译，中国人民大学出版社 2013 年版，第 250 页。

③ ［美］迈克尔·P. 托达罗、斯蒂芬·C. 史密斯：《发展经济学》，机械工业出版社 2010 年版，第 248 页。

④ 谭崇台：《发展经济学概论》，武汉大学出版社 2015 年版，第 81 ~ 82 页。

（一）人力资本的测度

在人力资本存量的测度方面，国内学者主要通过三种方法度量人力资本，即成本法、教育年限法和收入法。

成本法主要通过计算人力资本形成过程中对教育、健康、培训等方面的投资来衡量人力资本存量。如焦斌龙、焦志明（2010）[①]采用永续盘存法，构建了人力资本投资价格指数以及人力资本折旧率测算中国的人力资本存量。孙景蔚（2005）[②]等采用直接测度法测算人力资本，并且在测算人力资本存量时剔除了本期人力资本损耗。

教育年限法是学者广泛采用的方法，该方法以个体平均受教育年限为指标来衡量人力资本存量。在实际操作中，该方法简单便捷，且相关数据比较完整。例如，胡鞍钢（2012）认为，可以用构成一国总人力资本存量为劳动年龄人口（15~64岁）与平均受教育年限的乘积来计算一国的人力资本存量，也可以用劳动力与人口平均受教育年限的乘积来表示[③]。此外，蔡昉和王德文（2002）[④]、侯亚非和王金营[⑤]（2000）、胡永远[⑥]（2005）等都采用了类似的方法测算人力资本。

收入法测算人力资本的基础是通过计算人力资本获得的收入价值对人力资本进行测算。收入主要来源于工资和薪酬。收入法的关键在于如何确定收入增长率和折现率。李海峥等（2010）[⑦] 采用J－F终生收入法度量中国人力

---

① 焦斌龙、焦志明：《中国人力资本存量估算：1978~2007》，《经济学家》，2010（9）。

② 孙景蔚：《基于损耗的人力资本估算——以长江三角洲经济区三省市为例》，《中国人口科学》，2005（2）

③ 胡鞍钢：《从人口大国到人力资本大国：中国总人力资本如何翻一番（1980~2000年）》，《国情报告》第五卷2002年（下），《中国会议》，2012－12－01。

④ 蔡昉、王德文：《比较优势差异、变化及其对地区差距的影响》，《中国社会科学》，2002（5）。

⑤ 侯亚非、王金营：《人力资本与经济增长方式转变》，《人口研究》，2001（3）。

⑥ 胡永远：《人力资本与经济增长：一个实证分析》，《经济科学》，2003（1）。

⑦ 李海峥、李波、裘越芳、郭大治、唐棠：《中国人力资本的度量：方法、结果及应用》，《中央财经大学学报》，2014（5）。

资本。

（二）人力资本与经济增长的关系

关于人力资本与经济增长的关系，国内学者对其进行了较多研究。宏观层面，蔡昉（2015）研究了经济史中“大分流之谜”之中国版本“李约瑟之谜”，即为什么中国历史上未能形成打破低水平均衡陷阱所必需的资本积累，并将其转化为技术创新，以致古代中国未能成为世界工业革命的诞生地，错失拥抱现代化的历史机遇。蔡昉虽然没能最终给出确切答案，但却指出制度安排和创新环境的重要性，并着重研究了东西方人力资本和物质资本积累的差异性[①]。张车伟、高文书（2016）在研究中国经济增长与中国产业结构升级状况关系时，从技能培养和教育发展两个方面提出提升中国人力资本对中国经济增长和产业结构升级的重要作用[②]。王玥（2019）的研究指出，人力资本对经济发展的影响主要表现在经济增长速度、比较优势的发挥及可持续发展的实现等方面[③]。魏下海、张建武、余玲铮（2010）的研究表明，近年来，中国的教育扩张有效促进了人力资本积累以及人力资本不平等程度的改善，人力资本不平等对全要素生产率增长具有显著负向作用。因此，在强调人力资本积累、加大教育投入的同时，应关注教育资源分配的公平性，减少人力资本不平等，从而促进全要素生产率的进一步增长[④]。区域研究层面，王文静、王迪（2014）依据新古典模型，构建人力资本外部性的微观模型，研究发现人力资本的外部性极大促进了中国的区域经济增长，并且这种外部性具有区域差异[⑤]。宋涛、荣婷婷（2016）运用空间计量模型分析了中国30

---

① 蔡昉：《理解“李约瑟之谜”的个经济增长视角》，《经济学动态》2015（6）。

② 张车伟、高文书：《中国产业结构升级与人力资本提升》，“China Economist”，2016（4）。

③ 王玥：《人力资本对经济发展的影响研究》，《经济师》，2019（2）。

④ 魏下海、张建武、余玲铮：《人力资本不平等与全要素生产率增长关系》，《财经科学》，2011（1）。

⑤ 王文静、王迪：《人力资本外部性对区域经济增长的作用——基于微观和宏观两个尺度的实证研究》，《西安财经学院学报》，2014（5）。

个地区的人力资本集聚和溢出效应，研究表明，中国省区人力资本存在空间集聚和溢出效应①。

第二节 国内外人力资本开发与欠发达国家和地区发展的经验

从经济发展的历史来看，人力资本理论一定程度上揭示了西方发达国家跨越20世纪初期大危机的经济再次腾飞的原因，以及二战后的日本、德国经济的再度崛起、亚洲“四小龙”以及东亚经济20世纪末期起飞的原因，人力资本的缺乏也从某种角度说明了欠发达国家和地区经济增长滞后的原因。一些国家和地区以人力资本开发为先导，成功地开发了其经济社会发展所需要的人力资源，并取得了经济社会的跨越式发展，这些宝贵经验都将对促进南疆人口与经济协调发展具有重要借鉴作用。

一、人力资本开发与美国西部大开发

美国西部地区在20世纪初还是荒无人烟之地，经过一百多年的不断开拓，现今经济社会发展都走在世界先列。随着人力资本的开发，美国西部地区迅速成为美国的科技创新中心，美国对其西部地区的人力资本的开发主要经历了以下三个阶段：（1）早期的公办学校、强制教育。19世纪20年代，美国通过在西部地区大办公立学校强制实行义务教育，其目的就是为了能够加速西部地区的教育事业发展，实现人力资源的开发。（2）具有针对性的职业教育。美国根据市场需求大力提倡职业化教育，对不同行业和不同工种采取有针对性的教育。（3）鼓励民办教育。在美国西部大开发过程中，政府重

① 宋涛、荣婷婷：《人力资本的集聚和溢出效应对绿色生产的影响分析》，《江淮论坛》，2016（3）。

视并支持民办教育，认为教育是人民增加自身福利的可靠基础。美国在西部地区的教育成功促进了美国西部地区的发展，现在，全美最大的生物、电子以及航天航空等高科技产业基地都坐落在美国西部地区①。

二、人力资本开发与日本第二次世界大战后的经济起飞

日本自然资源十分匮乏，日本在第二次世界大战后迅速崛起的重要原因就是对人力资本的重视。日本政府通过制定并落实一系列的法律法规不断改革和完善普通教育。日本对教育的改革主要有三次：(1) 第一次是明治维新时期，为消除文盲，学习西方文明，日本大力推行小学义务教育，这一时期日本的义务教育实现率达到了98.2%。(2) 第二次是二战之后，此次改革明确了"6、3、3、4"学制，即"6年小学、3年初中、3年高中、4年大学的学制"，明确了九年制义务教育，并提高了对教师的要求。1952年，日本的初中入学率已超过99%。教育改革极大提高了日本的国民素质。(3) 日本的第三次教育改革始于20世纪70年代初，日本推出了终身教育的理念与政策。这一时期日本不仅重视正规教育，也重视职业教育，发展以企业为主、公共为辅的职业教育。由于重视市场需求，日本的学校教学与企业无缝衔接，学校培养出来的人才十分受企业欢迎，也有利于个人发展。此外，日本也重视国际人才利用②。值得注意的是，日本还利用强有力的法律武器为教育和人力资本开发提供强有力的坚实保障。早在明治维新之后的1872年，日本就颁布了《教育基本法》；第二次世界大战结束后颁布了《义务教育法》和《学校教育法》；为促进职业教育的发展，1947年，日本就制定了《劳动基本法》，用以提高员工素质和劳动生产率，同时制定的《职业基本法》从法律层面要求失业者必须进行职业训练、进行再就业；1985年形成了《职业能力

① 欧文福：《美国西部开发中的教育与人力资源开发及其启示》，《中国教育学刊》，2005 (4)。
② 李仲生：《日本的人力资源开发与经济发展》，《人口与经济》，2007 (3)。

开发促进法》。日本政府在教育和人力资本开发领域的一系列政策法规，极大促进了日本的人力资本开发和经济发展；第二次世界大战后，日本还实施了一系列的“人口家庭计划”；日本对教育和家庭计划的重视，加上其适宜的经济发展措施，共同促进了日本第二次世界大战后的经济起飞并实现人口转变[①]。

三、人力资本开发与德国第二次世界大战后的崛起

德国为促进其人力资本开发，不断深化普通教育，同时重视职业教育。(1) 深化普通教育。早在18世纪中叶的普鲁士王国时代德国就对国民实行义务教育，19世纪中叶，德国的小学入学率已达到98%。同时，德国非常重视中等教育、技术教育和业余教育。由于德国历来重视教育，因此，其人力资本得到较好的开发。二战后，作为战败国，德国又对其普通教育进行改革，实行8年制免费义务教育，中学教育得到普及。从20世纪中后期，德国对高等教育极为重视，使人民普遍享有接受高等教育的权利。种种举措极大促进了德国的人力资本开发。(2) 独创双轨制职业教育。一方面，采用理论学习与企业实践相结合的方式，提高制约教育的教学质量；另一方面，德国还开展成人教育与在职继续教育，满足公民学习的愿望。得益于双轨制职业教育的严格训练，德国培养出了较高素质的产业工人，得到社会和企业的认可[②]。1960年，德国的职业学校在校生达到了420万人，比同期普通中学人数的5倍还多。而2002年的统计表明，已经有180万人之多的18岁以下的青少年接受职业培训[③]。

四、人力资本开发与中国经济发展经验

改革开放后，中国政府先后提出“科教兴国”和“科教强国”的战略举

① 孙烈礼、杨光瑞：《日本的人口转变及其经验分析》，《人口学刊》，1994 (6)。
② 林燕：《德国人力资本的综合开发与经济奇迹的创造》，《长治学院学报》，2005 (6)。
③ 杨志勇：《教育援助与民族贫困地区人力资源开发研究》，新疆师范大学硕士学位论文，2015。

措，重视教育和科技水平的提高，改革开放40年，中国教育取得了巨大成效，并为中国的经济发展注入了强劲动力。杜鹏、安瑞霞（2018）对中国改革开放40年来的教育变化进行了概括性的总结：（1）中国人口的平均受教育年限显著提高，1982年到2000年，全国6岁及以上人口的平均受教育年限由5.20年增加到7.60年，2015年又增加到9.08年，平均教育水平大幅提高。（2）高等教育人口比重大幅提高。1982年到2015年，全国高等教育人口比重从0.68%增加到13.34%；目前，中国人口中近2亿人接受了高等教育，实现了从人口大国向人力资源大国的转变。（3）中国教育发展仍存在地区、行业以及职业间分布不平衡问题①。

中国的经济发展不仅得益于新中国成立后，特别是改革开放以来国家对教育的重视，还得益于计划生育政策的实施和改革开放政策。1978年12月，中国共产党召开了十一届三中全会，自此，全党的工作中心转移到了经济建设上，开启了中国的改革开放。在指导思想上，1981年党的十一届六中全会明确提出中国的社会主义制度还是处于初级阶段，1987年党的十三大报告论述了社会主义初级阶段理论，并概括和阐述了党在社会主义初级阶段"一个中心、两个基本点"的党的基本路线。在中国向市场经济转型的过程中，面对较差的营商环境、落后的基础设施和投资环境，中国采取了与华盛顿共识不同的发展道路，不是将上述问题在全国范围内解决好再坐等各种新的产业在市场中自发涌现，而是如林毅夫在其《新结构经济学》中所说："相反，中国各级政府动员其有限的资源和能力建立了经济特区和工业园区。从全国的角度来看，各项指标很差，但是在特区和园区内，基础设施的瓶颈得以缓解，营商环境也变得富有竞争力。"②

在改革开放的同时，1978年，计划生育政策被纳入《中华人民共和国宪

---

① 杜鹏、安瑞霞：《从人口大国到人力资源强国——改革开放四十年中国教育发展成就与人力资源发展》，《国家教育行政学院学报》，2018（11）。

② 林毅夫：《新结构经济学》，北京大学出版社2014年版，第9页。

法》，中国计划生育政策全面实行。对于计划生育政策实行后的中国人口与经济发展的关系，很多学者进行了概括和总结。田心源（1986）认为，计划生育政策诱催了中国的人口转变，社会经济发展也起到一定作用，并指出计划生育政策实施效果受社会经济条件制约[①]。顾宝昌（1987）的研究表明，计划生育政策和社会经济发展对中国的生育率下降具有重要的直接影响[②]。彭希哲和黄娟（1993）、林富德和刘金塘（1998）也持有类似观点[③]。李建民（2004，2009）、陈卫（2005）的研究最具代表性，他们指出，中国生育率转变是在国家计划生育政策干预下启动的，20 世纪 70 年代，计划生育政策对中国的生育率下降起主导作用，80 年代计划生育政策和经济发展对中国生育率下降的作用基本平衡，而自 90 年代之后，社会经济的发展则起到主导作用[④]。进入 21 世纪，中国经济从整体上实现了腾飞，中国东部地区的人口转变也已经完成，中国东部发达地区严格实行计划生育政策下人口转变促进经济发展，经济发展反过来促进人口转变的进一步深化。但是，区域差异还是比较大的，在中国的新疆，由于采取差异化的计划生育政策，人口转变进展缓慢，至今仍然没有完成；特别是新疆的南疆地区，贫困和人口问题同时存在。

第三节　南疆人口与经济关系相关文献综述

以“南疆”作为关键词在中国知网（CNKI）搜索，可以查到 11118 条记

---

① 田心源：《生育率的诱催转变——论中国人口规划和社会经济改变的影响》，《科技导报》，1986（1）。

② 顾宝昌：《论社会经济发展和计划生育在我国生育率下降中的作用》，《中国人口科学》，1987（2）。

③ 彭希哲、黄娟：《中国生育率转变与经济发展》，《人口与计划生育》，1993（2）；林富德、刘金塘：《中国生育率转变中的发展因素》，《南方人口》，1998（1）。

④ 李建民：《中国的生育革命》，《人口研究》，2009（1）；陈卫：《“发展—计划生育—生育率”的动态关系：中国省级数据再考察》，《人口研究》，2005（1）。

录，可见南疆问题已经成为当前的热点问题，但其中仅 528 条涉及人口，336 条涉及经济，276 条涉及人口与经济，而其中直接与南疆人口与经济关系相关的文献数量则相对较少。笔者对涉及南疆人口与经济关系的文献进行梳理，首先回顾新中国成立前南疆人口与经济关系的历史沿革，然后对新中国成立后南疆人口与经济关系做简要综述。

一、新中国成立前南疆人口与经济关系的历史沿革

南疆绿洲农耕的生产方式历史较为久远，据记载，天山以南的塔里木盆地靠着高山冰雪融化的水流，形成适于农耕的绿洲环境。考古资料表明，距今 3000 多年前或稍晚一些时候，这里的游牧部落已经开始转向定居，形成农牧兼营的生产结构。张骞出使西域后，塔里木农垦事业发展加快了步伐，但由于丝路商旅不绝，使西域人口稀少的绿洲城遭受前所未有的压力。为维护东西交通，维护对西域统辖的基本国策，西汉时期开始实行屯垦戍边的策略。来自中原的包括免刑罪人在内的屯垦士卒，以政府提供的籽种、耕牛、农具等生产资料，在共有土地上开荒造田，并将所产之物除自食外全部上交，由政府统辖统支，这就是所谓军屯。《汉书·西域传》记载，当时于阗有 19300 人，皮山有 3500 人，莎车有 16373 人，疏勒有 18647 人，温宿有 8400 人，人们从事耕作，兼营畜牧，并有一定的手工业。西汉末年鼎盛时，天山以南各绿洲城有 252710 人。天山以南绿洲城的农业生产“略与汉同”，但地广人稀，人均土地面积要大于中原，每人以 15 市亩计[①]。

连接东西方的交通要道——丝绸之路，横贯中亚，作为丝绸之路贸易的中转地，西域诸绿洲曾有过繁荣的岁月。据考古资料显示，中西交通和丝路贸易的拓展很早就存在，并非从西汉张骞通西域开始。汉代丝绸之路的交通

① 殷晴：《丝绸之路经济史研究》（上册），兰州大学出版社 2012 年版，第 66 ~ 75 页；袁祖亮、袁延胜、朱和平：《丝绸之路人口研究》，新疆人民出版社 2009 年版，第 1 ~ 17 页。

路线主要在天山以南的塔里木盆地的南北沿。《汉书·西域传》已对丝绸之路的南道和北道有所记载，南道“自玉门、阳关出西域有两道。从鄯善傍南山北，波河西行至莎车”，“西逾葱岭则出大月氏、安息。自车师前王廷随北山，波河西行至疏勒”为北道。不过，在汉宣帝神爵二年西域都护正式建置前，车师一代尚属匈奴势力范围，来往行人出玉门、阳关后多经楼兰向西直抵焉耆、龟兹（以库车绿洲为中心，最盛时辖境相当于今新疆轮台、库车、沙雅、拜城、阿克苏 、新和六县市）。东汉时期，更多人选择经伊吾（今哈密）、车师的西行路线。中西贸易交流的频繁使分散封闭的塔里木绿洲聚落作为丝路通道或交通枢纽奇迹般地不断壮大。西汉后期至东汉百余年间，平均人口增加了 3～5 倍。魏晋南北朝时期虽时有战乱，但有些城镇规模仍在不断扩展之中，作为塔里木盆地最大的城镇——龟兹，在汉代人口超过 8 万人①。

公元 7 世纪唐朝统一中原后，中央王朝恢复了对西域切实有效的统辖。《大唐西域记》记载了 7 世纪玄奘西行沿途所见：［佉沙国（喀什）］稼穑殷盛，花开繁茂，出细毡褐，工织细毡氍毹（qúshū）；［瞿萨旦那国（和田）］宜谷稼，多众果，出氍毹细毡，工纺绩絁（chóu 古同“绸”）。这一时期，绿洲城镇有发达的灌溉农业和毛织业②。在安西都护府的领导下，龟兹有专管水利建设的掏拓设置。贞观十四年（公元 640 年）唐军平定高昌，《旧唐书·西戎传》载其地有“三郡、五县、二十二城，户八千，口三万三千七百”。至天宝年间，人口增至 49000 余人。唐军进驻高昌后，“岁遣屯戍”，军屯规模大大超过汉朝在西域屯田的数目。唐朝属于河西道的西域屯垦有“安西二十屯、焉耆七屯，北庭二十屯，伊吾一屯，天山一屯”③。唐朝的军屯至开元时达到鼎盛，开元以后，屯田逐渐转化为百姓佃种的官田。丝路贸

---

① 殷晴：《丝绸之路经济史研究》（上册），兰州大学出版社 2012 年版，第 4～7 页。

② 殷晴：《丝绸之路经济史研究》（上册），兰州大学出版社 2012 年版，第 95～100 页。

③ 《唐六典》卷七“屯田郎中员外郎”条，中华书局 1992 年版。

易，唐代臻于高潮[1]。

元朝时期，成吉思汗统一西域之后，遂在西域设置达鲁花赤管辖各地，随着黄河以北以及中亚的大部分地区被征服，成吉思汗将所征服的土地分封给了四个儿子。最初新疆由成吉思汗的儿子窝阔台统辖，后因窝阔台后裔衰微，其领地被察合台所并，之后察合台统辖了天山南北的广大地区，天山南部的喀什、和田地区均在其管辖之下。西域地区几经战乱，人口迁移较为明显，大批汉人和其他民族人口迁入西域，也有大批的西域、中亚和西亚人口东迁，加强了内地和这些地区的联系，密切了各族人民的关系，促进了整个中国封建经济的发展繁荣，同时，加强了这些地区（特别是西域地区）与内地人民的文化交流，并在推动整个中华文化发展的过程中造就了一大批回回、畏兀儿人的文化名人。明朝时期，由于吐蕃势力的不断扩张，居住在沙州的畏兀儿人，为了避害，不断向明王朝叩关请附。而明朝时期，由内地迁往西域的移民则数量不多[2]。

1644 年，清王朝建立，清朝初年，叶尔羌汗国统辖天山以南地区，后准格尔部逐渐强大，吞并了天山南北的准格尔盆地和塔里木盆地周边土地，直到清政府出兵平定了准格尔部，并将平定的领土谓之新疆。清政府统一新疆，是树立在新疆历史上的一个重要里程碑，它不仅从此被正式纳入中央政府的直接管辖之下并使之成为祖国不可分割的一部分，与此同时，还使其社会经济出现了空前的飞跃，取得了令人瞩目的进步与成就。屯田制使南疆许多无地和少地贫民得到了妥善的安置，使其成为自食其力的自耕农，有效地促进了南疆农村经济的恢复与提升，由于大量内地贫民的积极参与，使其生产结构与耕作方法都得到了相应的调整与改进，进一步提高了生产效率。鼓励内地人前往经商，促进多元结构商人阶层的形成，不仅促进了商品流通的扩大，

---

① 袁祖亮、袁延胜、朱和平：《丝绸之路人口研究》，新疆人民出版社 2009 年版，第 84 ~ 96 页；殷晴：《丝绸之路经济史研究》（上册），兰州大学出版社 2012 年版，第 108 页。

② 袁祖亮、袁延胜、朱和平：《丝绸之路人口研究》，新疆人民出版社 2009 年版，第 171 ~ 188 页。

而且推进了城镇经济的兴起。有关专家认为，维吾尔人口在乾隆二十四年（公元1759年）之前没有明确的统计数字。乾隆三十一年（公元1766年）时的《西域图志》卷三十三中的回民户口有具体数字，当时，南疆部分地区的回民户口统计如下：阿克苏，7506户，24607口；喀什葛尔，14056户，66413口；和阗，13642户，44603口。阿克苏的人口，据左宗棠言，在光绪三年（公元1877年）时，守城的维吾尔人口就达10万人以上（《评定陕甘新方略》卷三〇五中有记载）①②。

二、新中国成立后南疆人口与经济关系的相关研究

（一）南疆经济发展滞后的人口原因分析

近年来，较多文献涉及南疆的贫困问题研究，而南疆的贫困问题主要表现为人民生活水平的贫困，南疆的贫困固然有地理的、历史的原因，但南疆贫困的原因也与当地人口增长、人口素质、人口结构以及人口的思想观念有着必然的联系。

1. 较多学者认为人口增长过快是南疆贫困的主要原因

热比古丽·热杰普（2017）认为，南疆三地州贫困的主要原因是由于人口压力③。宋岭、张波、魏江茄（2003）的研究表明，南疆农村家庭中还有着“多一个孩子就多一个劳动力”的认识，“越穷越生、越生越穷”的状况使得南疆的资源、环境压力进一步增大，人口增长过快已成为导致南疆贫困、制约地区经济社会协调发展的重要因素④。

---

① 袁祖亮、袁延胜、朱和平：《丝绸之路人口研究》，新疆人民出版社2009年版，第189~200页。

② 李仲生：《世界近代人口经济史》，中国人事出版社2016年版，第277~290页。

③ 热比古丽·热杰普：《南疆三地州人口压力及贫困问题研究》，新疆大学硕士学位论文，2017。

④ 宋岭、张波、魏江茄：《南疆三地州贫困的典型特征及其贫困原因分析》，《新疆大学学报》（社会科学版），2003（3）。

2. 较多学者认同教育水平相对较差是南疆经济发展滞后的主要内因

陈蓉（2016）认为，南疆三地州经济发展相对落后的根本原因是这个地区的劳动力教育水平较低，因此影响了就业能力①。潘明明（2015）从农村人力资源开发视角出发，探寻通过提升生产能力和抵御风险能力推动贫困群体脱贫致富的具体路径②。柴林、朱美玲（2009）认为，南疆贫困的一个主要原因就是其人才积累能力低。南疆三地州教育投入不足、大专院校少、教学设施相对落后，使得人口受教育水平低，劳动者技能培训不足，与劳动力市场的需求脱节。作为少数民族地区，单一的语言能力也制约了居民知识更新的能力和水平，在某种程度上使得当地居民与外界的人际信息交流能力具有一定的局限性，不能满足现代经济社会发展的需求③。

3. 一些学者指出南疆人口的落后思想观念是其经济发展滞后的原因

杨雪莲（2018）的研究认为，以往对南疆贫困的研究仅限于经济层面，最终没能拔掉“贫困”的根子，造成南疆始终摆脱不了贫困局面的更深层次原因在于南疆贫困地区特有的贫困文化④。中共阿克苏市委宣传部（2017）研究认为，当地宗教和风俗习惯中的消极因素是阻碍南疆农民外出务工的思想根源⑤。邢凡洪、谢永萍（2012）的研究认为，南疆群众继续解放思想，打破固有观念，是实现跨越式发展非常重要的一个环节⑥。柴林、朱美玲（2009）认为，作为传统农牧业聚居区，农业社会传统观念中的安于现状、乡土观念、重男轻女、重农轻商等落后思想在南疆贫困地区居民中仍然广泛

---

① 陈蓉：《南疆三地州劳动力就业能力测评与开发》，新疆大学硕士学位论文，2016。

② 潘明明：《南疆三地州农村反贫困的人力资源开发研究》，石河子大学硕士学位论文，2015。

③ 柴林、朱美玲：《南疆三地州人力资源开发中存在的问题、原因、对策》，《新疆社会科学》，2009（3）。

④ 杨雪莲：《浅谈南疆贫困农村发展中的栓桔：贫困文化》，《中共伊犁州委党校学报》，2018（1）。

⑤ 中共阿克苏市委宣传部：《精准脱贫促进南疆就业和富余劳动力转移》，《新丝路》，2017（11）。

⑥ 邢凡洪、谢永萍：《解放思想对南疆农村的现实意义分析》，《重庆科技学院学报》（社会科学版），2012（11）。

存在，长期影响着当地农民的科技、市场、经营以及教育意识、外出务工的意识①。

（二）国家援助与南疆人口经济发展相关文献

陈静（2013）总结了对口援疆的历史演进②。马宇飞（2018）对“对口援疆”20年进行了经验总结：教育援疆方面，自1980年起，内地70多所高校对口援助新疆等9个边疆省区高等院校。至2013年，教育对口支援全面覆盖了新疆的高校、高职、专科等各个阶段，新疆的受援学校达到205所。2013年，基于南疆三地州的实际困难，中央、自治区以及地、县三级财政分别为南疆三地州普通高中在校生免除了学费、教材费和住宿费，实现高中阶段的免费教育。产业援疆方面，2010年第一次中央新疆工作座谈会后，新一轮对口援疆开始启动：国务院出台意见支持喀什和霍尔果斯经济开发区建设。其中，天津市援助万台地毯织架工程带动和田地区5万名妇女灵活就业，促进上万家庭增收③。

第四节　相关理论与文献评述

以上综述对人力资本理论的演进与发展、国内外人力资本开发与欠发达国家和地区发展经验，以及南疆人口与经济关系的相关理论与文献做了简要回顾。这些理论和文献将成为本书展开研究的基础。虽然本书的主要思路是沿着人力资本形成对南疆经济发展的影响而展开，但南疆人口与经济不协调发展的问题不可避免包含社会、民族、文化、宗教、制度和政策等非经济影响因素，这些因素是以上理论和文献中欠缺的部分。本节将对以上综述中欠

① 柴林、朱美玲：《南疆三地州人力资源开发中存在的问题、原因、对策》，《新疆社会科学》，2009（3）。

② 陈静：《对口援疆的历史演进与绩效评价》，《中共乌鲁木齐市委党校学报》，2013（3）。

③ 马宇飞：《“对口援疆”20年：实践与启示》，《实事求是》，2018（1）。

缺而在本书论述中又不可或缺的观点进行补充，以作为本书论述的理论基础的拓展。

一、依据人力资本理论对南疆人口与经济协调发展的系统研究

对国内外人力资本理论演进的梳理表明，20世纪初期，资本主义国家全面危机之后，以舒尔茨和贝克尔为代表，学者们对人力资本的研究逐渐深入和系统化，索洛将人力资本作为经济发展的外生变量，罗默和卢卡斯则进一步将人力资本作为经济增长的内生变量，人力资本理论一定程度上揭示了西方发达国家跨越大危机后的再次腾飞、日本与德国在二战后的经济崛起以及亚洲“四小龙”及东亚经济起飞的原因，也一定程度上为发展中国家和欠发达地区的经济发展指明了路径。

人力资本是经济发展的重要内生变量，依据新经济增长模型，人力资本对经济增长的贡献率达到三分之一。教育、培训作为人力资本投资的重要方式都在经济发展和收入水平提高中发挥着重要作用。南疆的人口经济关系复杂，南疆的人口数量、人口素质以及人口结构均与南疆的经济发展存在不协调的状况，而在这其中人力资本的缺乏则是非常关键的因素。虽然文献中有对南疆贫困原因的探讨，但是，缺乏从人力资本角度对南疆人口与经济协调发展的系统研究。

二、从民族、宗教和文化维度对南疆人口与经济协调发展的研究

在人口与经济关系的相互作用中，不仅人口的数量、质量和结构对经济发展产生影响，同时，人口自身的民族属性和文化背景也会对经济发展产生影响。

民族是一个历史范畴，也是人类社会普遍的社会现象，自从民族产生以

来，世界上的每个人都属于某个民族。斯大林于1913年在其《马克思主义和民族问题》一文中专门阐述了民族的概念，使马克思主义的民族定义系统化和科学化，他指出："民族是人们在历史上形成的一个有共同语言、共同地域、共同经济生活以及表现在共同文化上的共同心理素质的稳定的共同体。"可见，民族的定义中，不仅有文化的内容，也包含共同的经济生活，在民族的定义中，文化与经济是相辅相成的。

更早些时候，对于理性资本主义的根源，马克斯·韦伯强调，资本主义不能被简单看成一种经济现象，当追寻现代资本主义的历史踪迹的时候，他将政治、法律、文化因素均考虑在内，与那些认为工业革命是现代资本主义历史发展过程中的决定性事件的经济史学家不同，韦伯特别强调16~17世纪的禁欲主义新教的兴起，打破了宗教对经济生活的控制，并使人们在工作时更加精力充沛（马歇尔，1982）。

在研究人口转变的原因时，兰德里（A. Landry）、汤普森（Warren Thompson）、诺特斯坦（F. Notestain）等人口学家们最初多从经济发展的角度寻求人口转变的原因，而科尔（Ansley J. Coale）团队在其"欧洲经济史"项目的研究中发现，文化因素也是影响人口转变的因素。科尔发现，欧洲的一些国家人口转变的程度跟该地区人口所讲语言有着不可分割的关系，表明不同文化对人口转变的不同影响。

从经济学的基本假定来看，首先人的行动是有目的的；其次自然人追求个人利益最大化，企业追求利润最大化，也就是，自然人和经济人都是自私的，是理性的"经济人"，按"经济人"的利润最大化假定，自由市场就可以实现整个社会的福利最大化，也就是"新古典主义"的均衡[①]。而受传统文化和宗教思想的影响，一些地区的自然人和法人可能不满足"经济人"假设，那么市场经济便无从谈起。而是否满足"经济人"的基本假设，则跟文化传统有着密不可分的关系。

① 金碚：《关于开拓商域经济学新学科研究的思考》，《区域经济评论》，2018（5）。

工业革命之后，西方国家的人口经济关系发生了天翻地覆的变化。对于工业革命的发生，马克斯·韦伯进行了深刻的反思，在《新教伦理与资本主义精神》以及其《经济与社会》中均对宗教思想对资本主义产生的作用作了深刻探讨。韦伯指出：由于各种原因，信徒最终相信，有系统的长时间的工作意味着救赎——一旦发生，其宗教利益就与其经济利益相结合。在集体层面上，这两种利益的结合意味着人类能量的强有力的集中，这样将有助于破除传统宗教的控制，使得现代资本主义精神得以释放（斯威德伯格，2015）。

韦伯从宗教与经济关系角度研究宗教，他尤其关注宗教对待财富的态度以及宗教组织及其与经济事物的关系，韦伯将宗教行动当做特殊形式的社会行动或指向他人的行动来分析。韦伯的宗教对财富的态度是直接与他的宗教概念相联系的。韦伯指出，在原始宗教中，宗教财在性质上通常是物质性的，由诸如长寿、健康和财富之类组成。较为发达的宗教里也同样如此，例如，印度教、佛教、伊斯兰教和犹太教。韦伯说，除了禁欲运动和特定形式的基督教外，宗教财会包括物质财富。韦伯还说，宗教的早期形式会以一种“定型化”的方式影响包括经济行为在内的人的行为。但是，随着历史的继续，主要通过先知预言和宗教的理性化，宗教的“定型化”逐渐瓦解。在较为发达的宗教里，宗教财具有彼岸和非经济的倾向，宗教活动不再像原始宗教那样，被视为仅仅是目的和手段。“宗教行为的目标连续地‘非理性化’，直至最终彼岸的非经济目标得以代表宗教行为的独特方面”[①]（斯威德伯格，2015）。韦伯强调，新教的禁欲主义形式有助于形成和传播现代的理性资本主义。可见，宗教对经济行为有重要影响，特别是禁欲主义新教催生了理性资本主义。

① ［瑞典］理查德·斯威德伯格：《马克斯·韦伯与经济社会学思想》，何蓉译，商务印书馆2015年版，第146～150页。

三、关于南疆人口与经济协调发展中国家扶持作用的研究

西欧国家的人口转变是在其工业化发展不断完善的基础上自发完成的，这一过程经过了漫长的200～300年的反复才最终完成。而在20世纪，日本以及亚洲“四小龙”的人口转变则得益于其较高的人口受教育水平、控制生育的政策和相应配套措施的适当选择，以及经济高速发展的契机，从而用40年左右得以实现。而中国的人口转变，是由国家主导，不仅有计划生育政策，而且有改革开放的经济政策，因此用30年左右的时间中国的人口转变迅速完成，经济发展也达到中等发达国家水平。这种人口与经济的快速发展，凸显了社会主义制度的优越性。毋庸置疑，中国的社会主义制度，对计划生育工作的推广以及改革开放事业的推进都起到了重要作用，从而中国的人口转变与西方发达国家人口转变的道路截然不同。没有计划生育政策的强力执行，就不会有中国经济在改革开放后的高速发展。

二战后，人口学家和经济学家较多关注发展中国家和地区，特别是贫困国家和地区的人口经济关系。例如，科尔（Ansley J. Coale）和胡佛（Edgar M. Hoover）二战后对印度的人口经济关系的研究，纳克斯（Ragnar Nurkse）提出“贫困恶性循环”理论，纳尔逊（Richard Nelson）提出“低水平均衡陷阱”理论，莱宾斯坦（Harvey Leibenstein）提出“临街最小努力”原理等，但是，相关文献研究中均较少见对国家扶持作用的研究，特别是对口支援对特定贫困区域人口经济关系影响的研究。而这一问题也是本书研究的重要方面。

综上所述，人力资本理论的研究已经经历了几十年的历史，人力资本理论一定程度上揭示了发达国家经济再度腾飞以及发展中国家和地区经济起飞的内在动力，人力资本理论及其实践经验为研究南疆人口与经济不协调发展问题提供了扎实的理论和实践基础。在中国的南疆贫困地区，民族、宗教和

文化的特殊性尤其显著，人口增长快、受教育水平低，经济发展滞后；为解决南疆的贫困问题，国家对南疆采取了特别的扶持政策，一定程度上促进了南疆的经济发展，积累了一定经验。但相关问题亟待学者们进行深入研究，然而，目前还只有较少学者依据人力资本理论对国家援助背景下具有一定民族、宗教和文化特色的南疆人口与经济不协调发展状况进行过系统研究，本书立意要深入探究这一问题。

第二章　南疆人口与经济不协调发展的计量分析

本章采用一般相关模型和空间自相关模型研究南疆人口与经济不协调发展状况。首先，采用一般相关模型研究南疆人口经济差异指数及相关因素的关系，并与新疆维吾尔自治区和全国平均水平比较；其次，采用空间自相关模型研究南疆人口经济差异指数的空间聚集性。

第一节　模型简介

一、一般相关性模型

要对两个变量 x、y 进行相关性分析，需要用相关系数加以统计和衡量，反映两个变量 x、y 之间的相关关系的量称为相关系数，下面是相关系数的计算公式及意义。

（一）相关系数的计算公式

计算公式设两个变量 x、y；

x、y 之间的相关系数为 r；

样本量：n；

变量 x 的样本观察值：x_i（$i=1, 2, 3, \cdots, n$）；

变量 y 的样本观察值：y_i（$i=1, 2, 3, \cdots, n$）；

变量 x 的样本观察值的平均值：$\bar{x}$；

变量 y 的样本观察值的平均值：$\bar{y}$；

则相关系数 r 的计算公式为：

$$r=\frac{\operatorname{cov}(x, y)}{\sqrt{D(x)}\sqrt{D(y)}}。$$

其中，$\operatorname{cov}(x, y)$ 为变量 x、y 之间的协方差函数，计算公式为，

$$\operatorname{cov}(x,y)=\frac{1}{n}\sum_{i=1}^{n}(x_i-\bar{x})(y_i-\bar{y})。$$

$\sqrt{D(x)}$、$\sqrt{D(y)}$ 分别为变量 x、y 的方差，计算公式为，

$$\sqrt{D(x)}=\frac{1}{n}\sum_{i=1}^{n}(x_i-\bar{x})^2,$$

$$\sqrt{D(y)}=\frac{1}{n}\sum_{i=1}^{n}(y_i-\bar{y})^2。$$

所以，

$$r=\frac{\sum_{i=1}^{n}(x_i-\bar{x})(y_i-\bar{y})}{\sqrt{\sum_{i=1}^{n}(x_i-\bar{x})^2}\sqrt{\sum_{i=1}^{n}(y_i-\bar{y})^2}}。$$

（二）相关系数的实际意义

相关系数 r 的取值范围为 $-1\leqslant r\leqslant 1$，当 $r<0$ 时，说明两个变量呈负相关；当 $r>0$ 时，说明两个变量呈正相关；当 $r=0$ 时，说明两个变量没有相关关系。当 r 越接近 1 或 -1 时，这种相关关系越强；当 r 越接近 0 时，这种相关关系越弱；当 $-0.5<r<0.5$ 时，则可认为两个变量之间几乎没有关系。

二、空间自相关模型

对变量进行空间自相关分析，常用的指数有全局 Moran's I 自相关系数、

局部 Moran's I 自相关系数（LISA）等。

全局 Moran's I 自相关系数是用来度量空间自相关的全局指标，其反映的是空间邻接或邻近的区域单元属性值的相似程度。全局 Moran's I 自相关系数表示为：

$$I = \frac{\sum_{i=1}^{n} \sum_{j \neq i}^{n} w_{ij}(y_j - \bar{y})(y_i - \bar{y})}{S^2 \sum_{i=1}^{n} \sum_{j \neq i}^{n} w_{ij}}。$$

其中 $S^2 = \frac{1}{n}\sum_{i=1}^{n}(y_j - \bar{y})^2$。全局 Moran's I 自相关系数在 -1 到 1 之间，越接近 0，邻接区域的相关性越低；越接近 -1，负相关性越强，邻接区域差异性越大；越接近 1，正相关越强，临界区域的相似性越大。

局部空间自相关是在全局空间自相关分析的基础上，分析局部的空间自相关性。其反映的是第 i 个区域单元与其邻接地区间的空间关联模式和差异程度。局部 Moran's I 自相关系数表示为：

$$I_i = \frac{(y_i - \bar{y})}{s^2}\sum_{j=1}^{n} w_{ij}(y_j - \bar{y}),$$

其中，

$$s^2 = \frac{1}{n-1}\sum_{i=1}^{n} \sum_{j \neq i}^{n} w_{ij}(y_j - \bar{y})^2。$$

I_i 可以反映出具体集聚区域及集聚类型，当 $I_i < 0$ 时，表示第 i 个区域单元与其邻接地区的属性相异；当 $I_i > 0$ 时，表示第 i 个区域单元与其邻接地区的属性相似；当 $I_i = 0$ 则表示第 i 个区域单元与其邻接地区的属性不相关。

第二节　指标体系和数据来源

一、指标体系

1. 人口经济差异指数

借鉴 Williamson（1965）、李国平和范红忠（2003）、张车伟等（2013）

的研究，构建人口经济差异指数来衡量南疆人口经济发展的差异①②③。以全国平均水平作为人口与经济均衡发展的均衡水平，构建人口经济差异指数 R：

$$R = \left(1 - \frac{\frac{地区\ GDP}{地区人口}}{\frac{全国\ GDP}{全国人口}}\right) \times 100\% = \left(1 - \frac{\frac{地区\ GDP}{全国\ GDP}}{\frac{地区人口}{全国人口}}\right) \times 100\% = \left(1 - \frac{地区人均\ GDP}{全国人均\ GDP}\right) \times 100\%$$

一个地区对均衡状态的偏离就等于其对总体平均水平的偏离。与全国平均水平相比，$R>0$ 表明地区经济比重大于人口比重，地区人均 GDP 小于全国人均 GDP，且地区人均 GDP 与全国人均 GDP 相差的幅度为 R；而 $R<0$ 则表明地区人口比重大于经济比重，地区人均 GDP 大于全国人均 GDP，且地区人均 GDP 与全国人均 GDP 相差的幅度为 R。

2. 人口经济差异影响因素指标

基于数据的可得性和可操作性，本书仅选用影响人口经济差异的人口和经济两个一级指标，如表 2-1 所示，人口因素则选用人口数量、人口素质和人口结构三个二级指标，其中，人口数量因素采用人口自然增长率以反映人口数量的增长快慢，人口素质因素选用反映人力资本质量的高等教育人口比重，人口结构因素则选用反映人口城乡结构的人口城镇化率；经济因素则采用反映产业结构的非农产业产值比重。

表 2-1　人口经济差异指数及其影响因素指标体系

一级指标	二级指标	三级指标	
人口经济差异	差异指数	人口经济总量差异指数	X1
人口因素	人口数量	人口自然增长率（‰）	X2
	人口素质	高等教育人口比重（%）	X3
	人口结构	人口城镇化率（%）	X4
经济因素	产业结构	非农产业产值比重（%）	X5

① Williamson, J. G. 1965. Regional Inequality and the Process oI National Development: A Description of the Patterns. Economic; Development and Cultural Change 134: 1-84.

② 李国平、范红忠：《生产集中、人口分布与地区经济差异》，《经济研究》，2003（11）。

③ 张车伟、蔡翼飞：《人口与经济分布匹配视角下的中国区域均衡发展》，《人口研究》，2013（6）。

二、数据来源

南疆四地州和新疆维吾尔自治区以及全国人口经济数据依据《2000年新疆人口普查资料》、《2010年新疆人口普查资料》、《2000年中国人口普查资料》、《2010年中国人口普查资料》、《新疆统计年鉴》（2001、2010、2017）、《中国统计年鉴》（2001、2010、2017）得到或由以上资料中的数据推算得到。

第三节　计量分析及其结论

南疆人口经济差异的影响因素较多，不仅受到人口自身增长、人口受教育程度以及人口城镇化水平的影响，还受到产业发展程度的影响，此外，人口政策、经济政策以及文化因素等都对人口经济差异产生一定影响。基于南疆县级数据的可得性，本书一方面研究南疆人口经济差异指数与人口自然增长率、高等教育人口比重、人口城镇化率、非农产业产值比重等因素的一般相关性；另一方面，也关注南疆人口经济差异指数的空间自相关性。

一、南疆人口经济差异的描述统计

笔者研究显示，2000年、2010年和2016年，新疆的人口经济差异指数分别为5.44%、18.74%和24.93%，人口经济差异有所增加。

图2-1显示了2000年、2010年和2016年新疆14个地州的人口经济差异指数，2000年，南疆阿克苏、克州、喀什、和田的人口经济差异指数分别为44.13%、76.83%、71.66%、79.36%；2010年分别为45.52%、

75.88%、70.51%、83.25%，阿克苏、和田人口经济差异指数比2000年分别增加1.40%和3.89%，克州、喀什分别比2000年减少0.95%和1.16%；2016年，南疆阿克苏、克州、喀什、和田的人口经济差异指数分别为41.03%、68.95%、68.60%、82.00%，均比2010年有所降低，分别降低了4.49%、6.93%、1.91%、1.25%。

图2-2则显示了2000年、2010年和2016年南疆四地州33个县级地区的人口经济差异指数。2000年，33个县级地区中有20个地区人口经济差异指数高于70%；2010年，33个县级地区中有20个地区人口经济差异指数高于70%，并有11个地区人口经济差异指数比2000年有所降低；2016年，33个县级地区中有16个地区人口经济差异指数高于70%，并有22个地区人口经济差异指数比2010年有所降低。

由此可见，2000年到2016年，新疆的人口经济差异指数在全国有增加趋势，南疆四地州的人口经济差异指数则有所降低。虽然南疆人口经济差异指数依然较高，但多数地区的人口经济差异指数在逐渐降低，这种降低的趋势在2010年新一轮对口援疆之后较为明显。

二、南疆人口经济差异影响因素的一般相关分析

对南疆人口经济差异指数与高等教育人口比重、人口自然增长率、人口城镇化率以及非农产业产值比重做一般相关分析可得，2016年，南疆人口经济差异指数与高等教育人口比重的相关系数为-0.640（$p=0.000$），显著负相关。而南疆人口经济差异指数与人口自然增长率、人口城镇化率以及非农产业产值比重的相关系数分别为0.186（$p=0.299$）、-0.487（$p=0.004$）以及-0.616（$p=0.000$），均低于高等教育人口比重与人口经济差异指数的相关性。

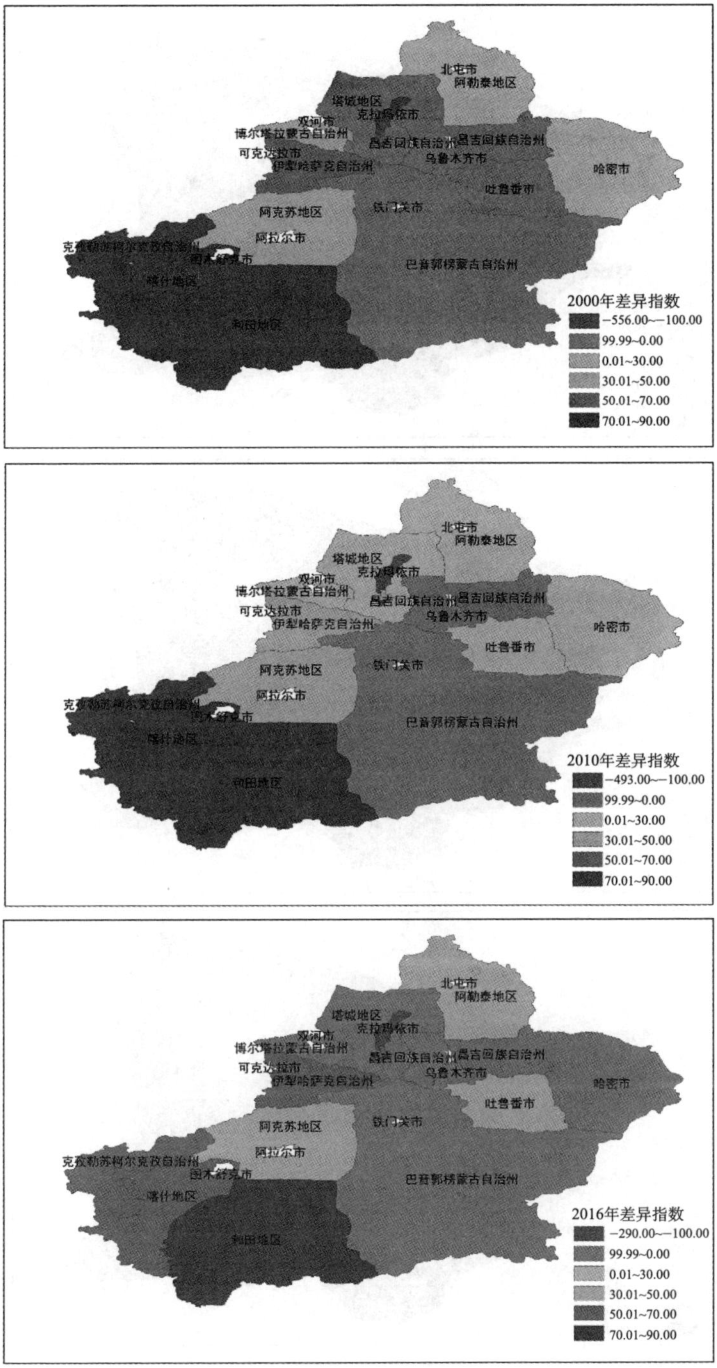

图 2－1　2000 年、2010 年、2016 年新疆 14 个地州人口经济差异指数（%）

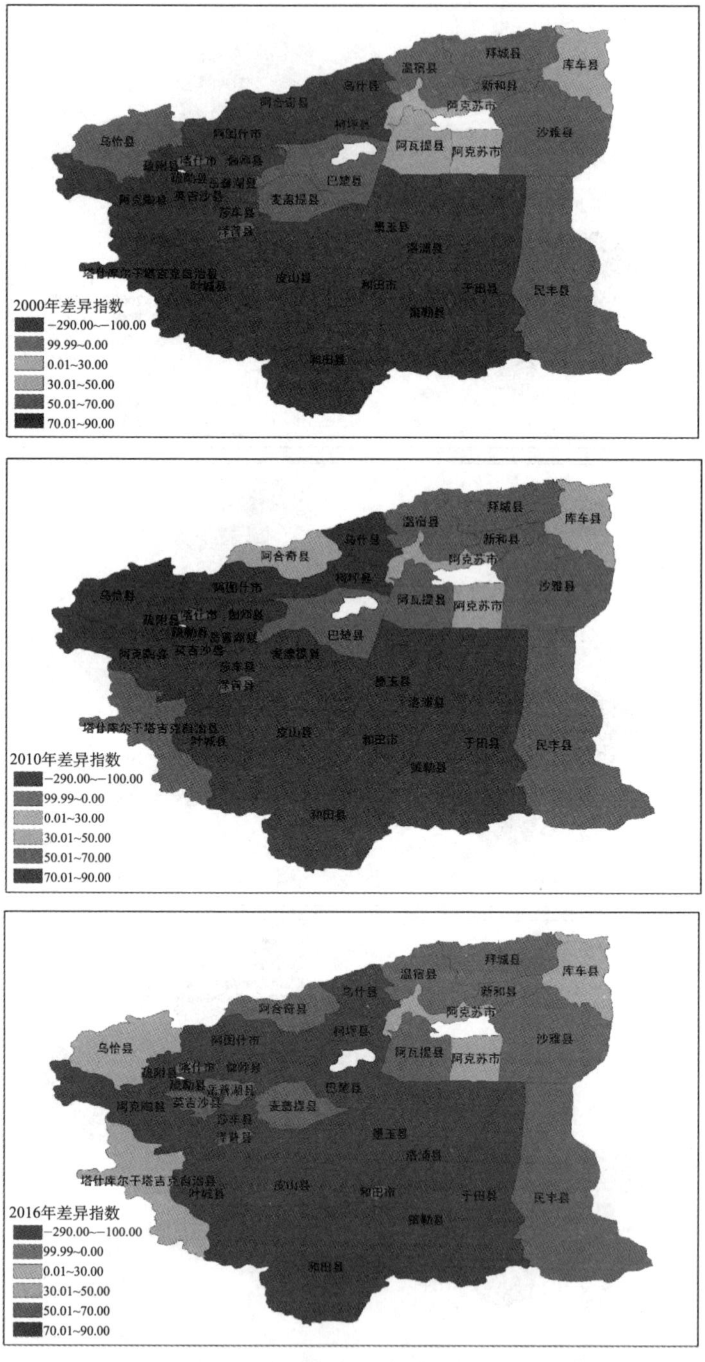

图 2－2　2000 年、2010 年、2016 年南疆县级人口经济差异指数（%）

对南疆人口经济差异指数与高等教育人口比重的相关关系的纵向比较可见，2000 年，相关系数为 -0.359（$p=0.040$），2010 年相关系数为 -0.289（$p=0.103$），2016 年相关系数为 -0.640（$p=0.000$）。2000 年、2010 年至 2016 年，高等教育人口比重对南疆人口经济差异指数的影响越来越显著。

进一步对南疆高等教育人口比重与南疆的人口自然增长率、人口城镇化率以及非农产业产值比重做相关分析，发现受高等教育人口比重与人口自然增长率相关关系不显著，这其中应该有计划生育政策的原因，而与南疆人口城镇化率和非农产业产值比重呈非常显著的相关关系（见表 2-2）。

表 2-2　高等教育人口比重与人口城镇化率及非农产业产值比重的相关关系　单位：%

年份	人口城镇化率		非农产业产值比重	
	r	p 值	r	p 值
2000	.894*	0.000	.875**	0.000
2010	.734**	0.000	.802**	0.000
2016	.702**	0.000	.800***	0.000

注：* 在 0.05 级别（双尾），相关性显著。
** 在 0.01 级别（双尾），相关性显著。

三、新疆人口经济差异性的空间自相关分析

对新疆县级人口经济差异指数的空间自相关分析可得，新疆人口经济差异指数存在一定的全局空间自相关性，如图 2-3 所示，2000 年、2010 年和 2016 年 Moran's I 系数分别为 0.2640、0.4438 和 0.3467，有一定的显著性。

如图 2-3、图 2-4、图 2-5 所示，2000 年、2010 年和 2016 年新疆县级人口经济差异指数的全局自相关散点图中，新疆部分县市的点均落在第一象限，结合局部自相关 Lisa 图，南疆部分地州的人口经济差异指数出现显著的“高—高”集聚，即南疆四地州各县的人口经济差异指数表现出较显著的聚集特性。

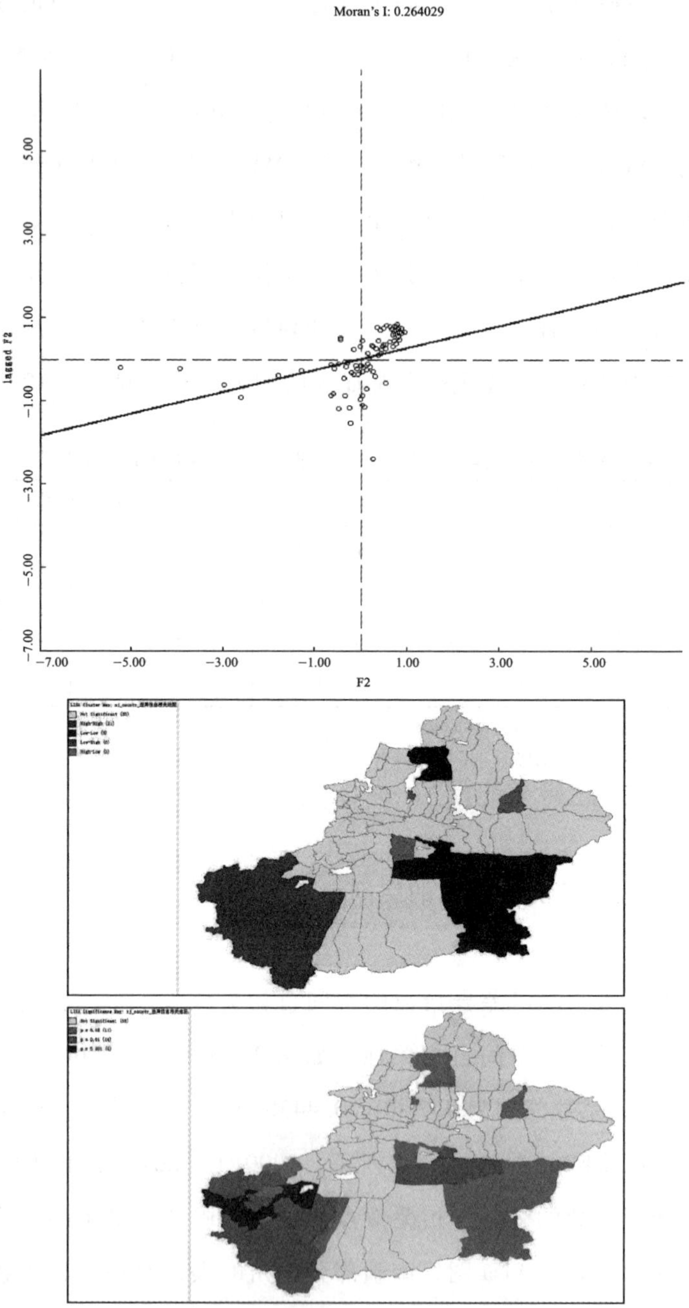

图 2－3　2000 年新疆县级人口经济差异指数全局自相关散点图（上图）、局部自相关 Lisa 图及其显著性图（中图、下图）

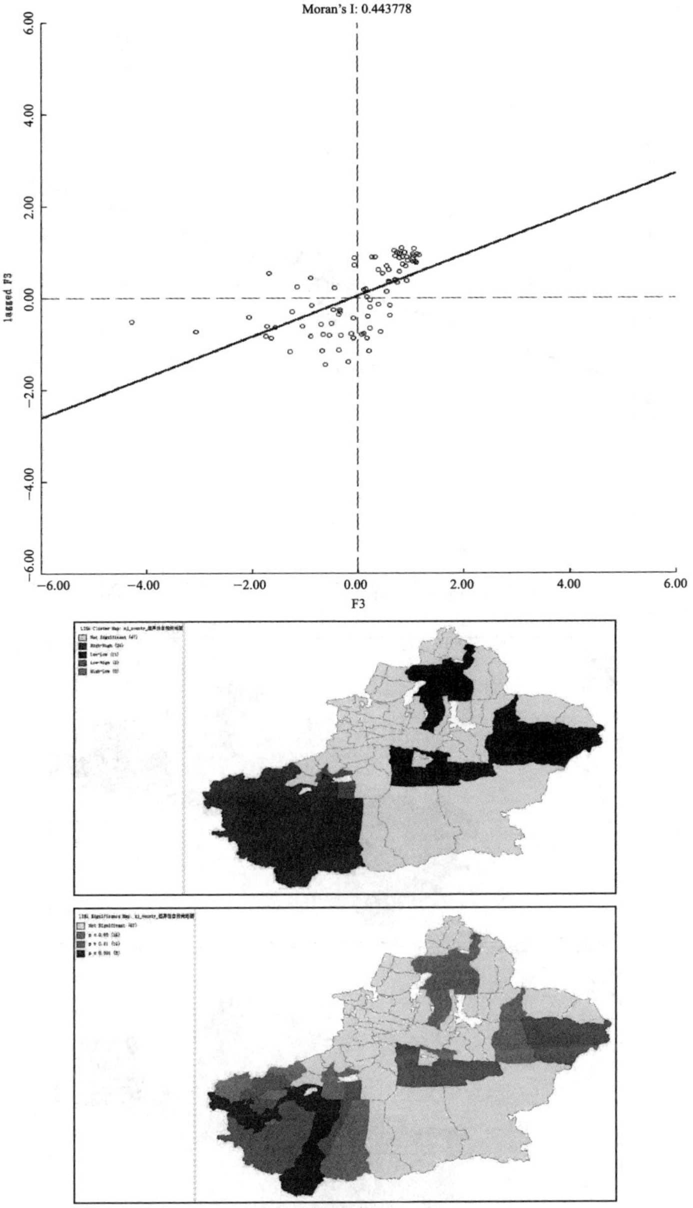

图 2－4　2010 年新疆县级人口经济差异指数全局自相关散点图（上图）、局部自相关 Lisa 图及其显著性图（中图、下图）

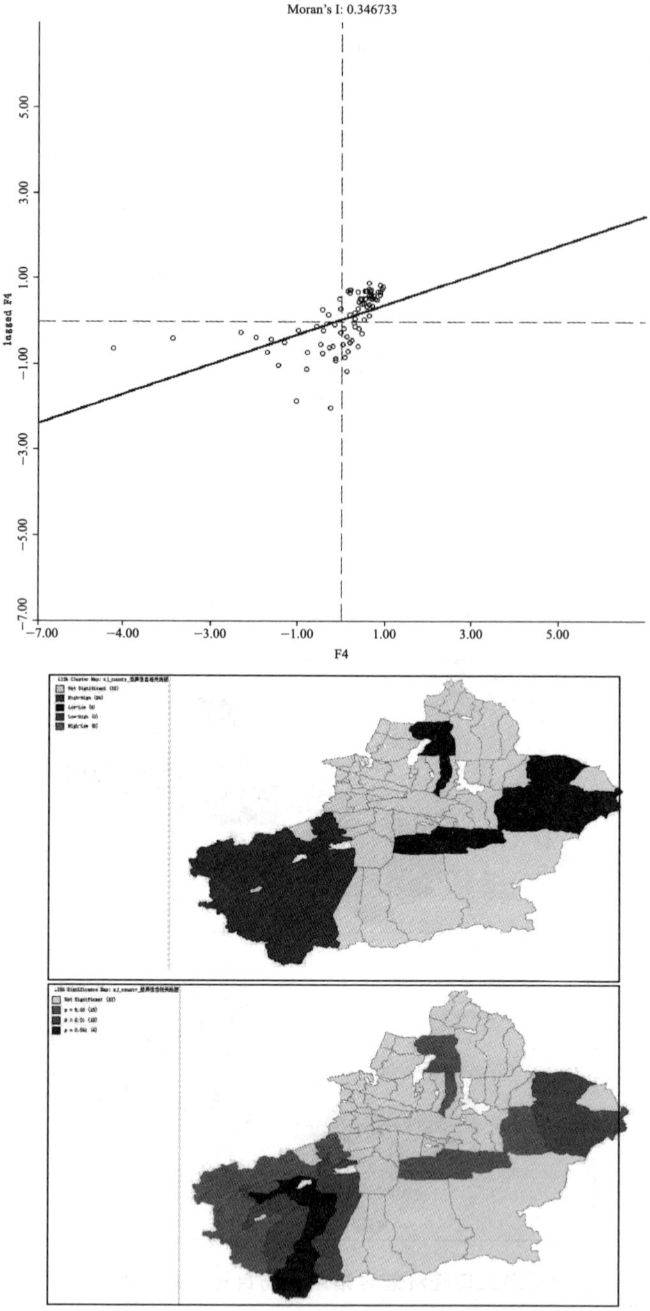

图 2－5　2016 年新疆县级人口经济差异指数全局自相关散点图（上图）、局部自相关 Lisa 图及其显著性图（中图、下图）

四、实证分析的结论

由以上的实证分析可见，2000～2016年，南疆人口经济差异指数相对较高，不过南疆四地州的人口经济差异指数有降低趋势，这种降低的趋势在2010年新一轮对口援疆之后较为明显。对南疆人口经济差异指数与人口自然增长、高等教育人口比重、人口城镇化率以及非农产业产值比重的相关分析可见，南疆人口经济差异指数与高等教育人口比重的负相关性是最大的。对新疆县级地区人口经济差异指数的空间自相关分析可见，新疆的人口经济差异指数有一定的空间自相关性，并且在局部地区，特别是南疆地区呈现局部的“高—高”聚集特点。

第三章　南疆人口与经济不协调发展的主要表现

本章依据人口转变理论、经济发展阶段论、“低水平均衡陷阱”理论等，结合《2000年新疆人口普查资料》、《2010年新疆人口普查资料》、《中国人口——新疆分册》以及历年《新疆统计年鉴》和《中国统计年鉴》的数据资料，从人口发展的数量、质量和结构三个维度，分析南疆人口与经济不协调发展的主要表现。

第一节　南疆人口增长与经济增长不协调

人口增长与经济增长的关系问题自古就受到中外思想家的高度关注。历史上在很长一段时间，中外均推行鼓励人口增长的政策主张。西方古典经济学派的集大成者亚当·斯密在《国富论》中明确提出：“增加一国土地和劳动的年产物的价值，只有两个方法，一为增加生产性劳动者的数目，一为增进受雇劳动者的生产力。”[①] 而到马尔萨斯时代则开始推行控制人口的政策，马尔萨斯指出：“第一，食物为人类生存所必须；第二，两性间的情欲是必然的，且几乎会保持现状”；“人口，在无所妨碍时，以几何级数率增加。

① ［英］亚当·斯密著：《国民财富的性质和原因的研究》上卷，郭大力、王亚南译，商务印书馆1972年版，第316页。

生活资料，只以算术级数率增加。略有数学知识的人，就会知道，与后一种力比较，前一种力是怎样巨大。按照人类生存必需食物的法则，这两个不平衡力的结果，必须保持平衡。”① 中国直到清朝前期也一直是主张鼓励人口增长，洪亮吉在清朝乾隆五十八年（1793 年）的《治平篇》中，针对当时人口增长大大超过耕地和一般生活资料增长的情况，他指出：户口“则视三十年以前增五倍焉，视六十年以前增十倍焉”；而田地、房屋“亦不过增长一倍而止矣，或增三倍、五倍而止矣”。人口增长远远超过了田地与房屋的增长，不但出现“田与屋之数常处其不足，而户与口之数常处其有余”，“为农十倍于前而田不加增，为商贾者十倍于前而货不加增”，还产生了“终岁勤劳，毕生惶惶而自好者居然有沟壑之忧”和为非作歹之徒、生“攘夺之患”的严重情况②。但随着工业革命的深入，西方的人口转变在 19 世纪初基本完成。新中国成立后，一些学者开始逐渐认识到经济发展落后情况下，人口增长过快将不利于中国的现代化和工业化。1957 年 7 月，《人民日报》全文刊载了马寅初的《新人口论》，明确地把中国人口增长与工业化进程联系在一起，并在此基础上提出了控制中国人口增长的思想，马寅初指出：“我们的目的就是要提高人民的文化生活，那么生活资料的增长必须要比人口增长得快，才能达到提高物质和文化生活的目的。”③ 中国在 20 世纪 70 年代开始控制人口，到 20 世纪末整体上基本完成了人口转变和经济腾飞。但是，中国人口经济关系的区域差异较大，在中国的新疆地区，由于采取差异化的计划生育政策，人口转变进展缓慢，至今仍没有完成，特别是新疆的南疆地区，贫困和人口增长过快问题同时存在。

---

① ［英］马尔萨斯：《人口论》，郭大力译，北京大学出版社 2008 年版，第 6 页。

② 《洪亮吉·治平篇》。

③ 马寅初：《新人口论》（在第一届全国人民代表大会第四次会议上的书面发言），《人民日报》，1957 - 07 - 05。

一、南疆人口增速较快仍未完成人口转变

（一）南疆人口增长较快的现状

对于人口增速问题，美国人口学家 Arthur Haupt & Thomas T. Kane 用人口倍增需要的年数做出了非常通俗的解释，即：如果人口年均增长率为 10‰，则人口倍增需要 70 年；如果人口年均增长率为 20‰，人口倍增只需要 35 年；若人口年均增长率为 3%，则人口倍增只需要 23 年①。考虑到中国的实际情况，国内学者（王颖，2011；龚文海，2014）一般将 2‰或 3‰作为中国的人口均衡发展的增长率②。而中国南疆的人口增长率则远高于人口均衡发展的增长率。

如表 3－1 所示，2016 年，南疆四地州总人口 1007.57 万人，比 1949 年净增人口 718.26 万人，是 1949 年的 3.48 倍，1949～2016 年南疆四地州人口年均增长 18.80‰，高于全国平均增长率（14.09‰），而南疆四地州人口较少流动，因此，其人口增长主要是因为人口自然增长引起的。特别是 2000 年以来，南疆人口增速仍然较高。2000～2016 年，南疆四地州人口年均增长率为 17.21‰，不仅高于全国年均增长率（5.46‰），也高于新疆维吾尔自治区年均增长率（13.90‰）。以喀什、和田为例，2016 年，其人口总数分别为 451.47 万人、244.98 万人，分别比 1949 年净增人口 302.41 万人和 178.79 万人，2000～2016 年，喀什、和田人口的年均增长率分别为 17.76‰和 23.80‰，远高于新疆维吾尔自治区和全国年均增长率。

---

① Arthur Haupt & Thomas T. Kane，*Population Reference Bureau's Population Handbook*（4th International Edition），Population Reference BureauWashington，DC，1945，p. 45.

② 王颖、黄进、赵娟莹、张先兵：《人口长期均衡发展及其评价监测模型的构建与应用》，《中国人口·资源与环境》，2011（4）；龚文海：《中原经济区人口长期均衡发展评价模型及实证研究》，《地域研究与开发》，2014（2）。

表 3-1 1949~2016 年南疆人口规模及增长情况 单位：万人

区域	全国	新疆	南疆四地州	喀什	和田
1949 年	54167	433.34	289.31	149.06	66.19
1985 年	105851	1361.13	559.73	248.82	122.67
2000 年	126743	1845.95	766.84	340.63	168.15
2010 年	134091	2181.58	889.01	397.93	201.44
2016 年	138271	2302.32	1007.57	451.47	244.98
1949~2016 净增人数	84104	1868.98	718.26	302.41	178.79
1949~2016 增长幅度（倍）	2.55	5.31	3.48	3.03	3.70
1949~2016 年均增长率（‰）	14.09	25.24	18.80	16.68	19.72
2000~2016 年均增长率（‰）	5.46	13.90	17.21	17.76	23.80

数据来源：历年《中国统计年鉴》、历年《新疆统计年鉴》、《中国人口——新疆分册》。

（二）南疆人口转变的阶段特征

兰德里（A. Landry）最早在《人口革命》一书里将人口发展过程分为三阶段，即“原始阶段”，不限制生育的时代；“中期阶段”，限制生育达到普及的阶段；“现代阶段”，人们自觉限制家庭规模的时代。之后，研究人口转变的学者汤普森（Warren Thompson）、诺特斯坦（F. Notestain）也提出三阶段模型；莱宾斯坦（Harvey Leibenstein）、诺特斯坦（F. Notestain）、科尔（Ansley J. Coale）和胡佛（Edgar M. Hoover）以及 C. P. 金德伯克和 B. 赫里克提出四阶段模型。布莱克（C. P. Black）在 1947 年则提出五阶段模型。对人口转变的阶段划分，虽然有三阶段、四阶段和五阶段的区别，但其实质主要是描述人口转变的阶段特点，诺特斯坦的四阶段论将人口转变阶段与工业化阶段相结合，一定程度上反映了人口经济关系。纵观世界各国的人口发展历程，伴随工业化，西欧人口转变自发完成经历了近 300 年，以英国为例，1701~1991 年英国经历了人口转变的全过程。发展中国家的人口转变不是一个自发的过程，具有较强的人为痕迹①。中国在 1949 年之后，人口再生产模

① 佟新：《人口社会学》，北京大学出版社 2014 年版，第 144~146 页。

式发生了巨大变化，中国人口自然增长率的变化经历了从自然增殖到自觉控制生育的过程。20世纪50～60年代，中国的人口出生率一直维持在35‰之上，人口迅速增长；20世纪80年代，中国政府实施了计划生育政策，直到20世纪90年代，中国人口出生率才下降到较低水平，并且中国的大部地区在2000年之前都完成了人口转变，进入人口低增长阶段。但是，新疆特别是南疆的人口转变道路相对漫长，至今人口出生率仍相对较高。

以下主要参考诺特斯坦和布莱克的人口转变阶段划分方法，基于南疆人口死亡率下降、出生率下降、人口自然增长的不同特点，以及南疆的人口规模变化，并结合新疆实行计划生育政策以及经济社会发展的不同阶段对南疆人口转变的阶段进行划分。如果说一般意义上的人口转变起始于死亡率的下降，那么自1949年新中国成立开始，南疆的人口转变就开始了，近70年来，南疆始终处于人口转变的"高低高"过渡阶段，至今仍未完成人口转变。以下将自1949年以来南疆人口转变的过渡过程分为不限制生育的人口较快增长阶段、汉族少数民族计划生育政策差异化第一阶段、汉族少数民族计划生育政策差异化第二阶段以及汉族少数民族统一计划生育政策阶段等四个阶段，参见图3－1、图3－2、图3－3（图中2012年和2014年的数据出现异常，主要源于人口漏报，2012年以来南疆的不少地区对人口数据复查，而之前未登记的"婴幼儿人口"均登记为新出生人口）。

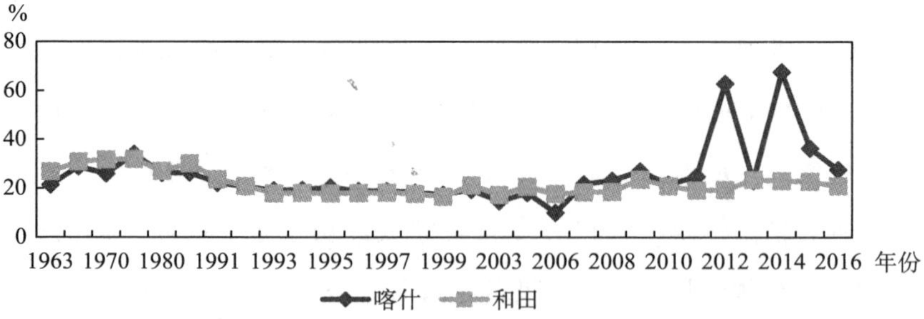

图3－1　1965～2016年喀什、和田人口出生率

数据来源：《中国人口——新疆分册》、历年《新疆统计年鉴》。

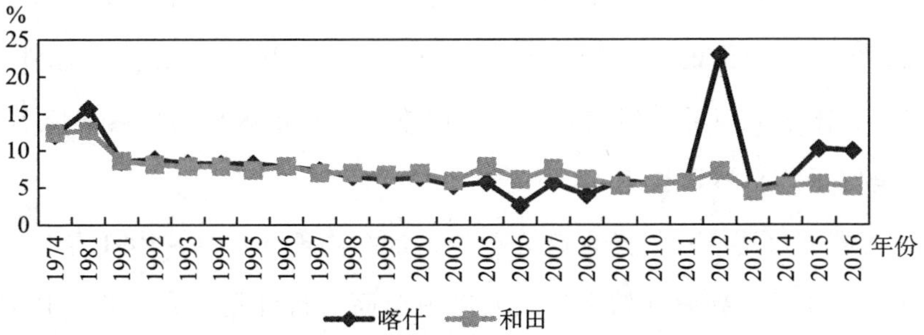

图 3-2　1965～2016 年喀什、和田人口死亡率

数据来源：《中国人口——新疆分册》、历年《新疆统计年鉴》。

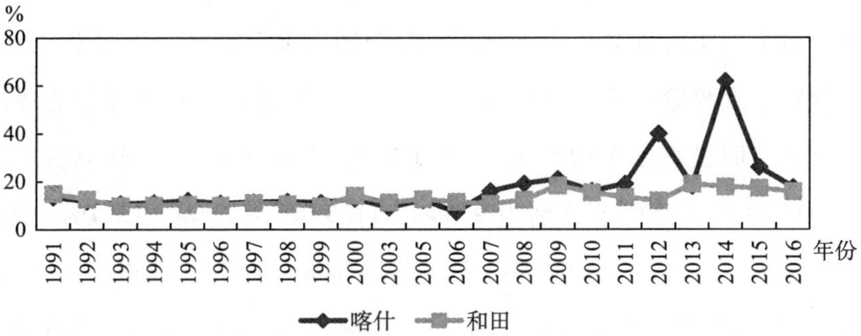

图 3-3　1991～2016 年喀什、和田人口自然增长率

数据来源：《中国人口——新疆分册》、历年《新疆统计年鉴》。

1. 不限制生育的人口较快增长阶段（1949～1980 年）

1949 年，南疆四地州人口为 289.31 万人，占新疆维吾尔自治区人口 433.34 万人的 66.76%。1949 年新疆人口出生率为 30.02‰，死亡率为 20.82‰，自然增长率为 9.20‰。南疆的人口出生率和人口死亡率也较高。随着新中国成立后各族人民生活水平和医疗卫生条件的显著改善，南疆人口死亡率不断下降，出生率则较高，人口快速增长。据统计，1974～1976 年，南疆阿克苏、克州、喀什、和田的人口死亡率已分别降至 11.3‰、12.8‰、12.1‰、12.4‰；而同期，南疆四地州人口出生率的下降则不明显，1975 年，阿克苏、克州、喀什、和田的人口出生率则分别高达 33.28‰、

38.54‰、34.01‰、31.87‰，与新疆维吾尔自治区人口出生率（33.1‰）较为接近，但高于中国的人口出生率（23.01‰）近10个千分点。总体来看，这一时期，南疆人口的自然增长率与新疆维吾尔自治区平均自然增长率接近，但高于全国平均自然增长率。

2. 汉族少数民族计划生育政策差异化第一阶段（1981～1991年）

1981年4月，新疆开始在汉族人口中全面实行计划生育工作。1982年9月，党的十二大把计划生育确定为基本国策，同年12月写入宪法。1988年4月，自治区人民政府颁布了《新疆维吾尔族自治区少数民族计划生育暂行规定》，少数民族由此开始实行计划生育，但直到1992年7月1日，新疆少数民族才开始全面实行计划生育政策[①]。在全国大部分地区以及新疆的汉族人口实行计划生育政策，而新疆的少数民族人口未实行计划生育的这段时间，南疆人口增速明显高于全国和新疆平均水平。1981年，南疆阿克苏、克州、喀什、和田的人口死亡率分别为9.8‰、11.9‰、15.7‰、12.7‰，略高于新疆平均水平（8.3‰）；1985年，阿克苏、克州、喀什、和田的人口出生率分别为23.14‰、35.74‰、26.33‰、30.13‰，远高于新疆维吾尔自治区平均水平（19.89‰）和全国平均水平（21.04‰）。而到1991年，喀什、和田的人口出生率分别为20.71‰和20.85‰，受其他地区计划生育政策的影响，人口出生率还是有一定程度的降低；同年，喀什、和田人口死亡率分别为8.51‰和8.61‰，又比之前有所下降；喀什、和田的人口自然增长率则为13.66‰、15.06‰，低于新疆维吾尔自治区平均水平（16.59‰），但高于全国平均水平（12.98‰）。1991年，南疆四地州总人口已达到641.76万人，是1949年的2.22倍。总体来看，这一时期，虽然新疆少数民族还没实行计划生育政策，但南疆四地州的人口自然增长率与新疆维吾尔自治区和全国平均水平差距不大。

---

① 新疆维吾尔自治区党委政策研究室编：《新疆人口发展与计划生育研究》，社会科学文献出版社2013年版，第12页。

3. 汉族少数民族计划生育政策差异化的第二阶段（1992～2016 年）

自 1992 年 7 月 1 日，新疆少数民族也开始全面实行计划生育政策，这一时期，新疆实行了全面的计划生育政策，但汉族与少数民族采取的是差异化的政策，即 1992 年 4 月 7 日发布了《新疆维吾尔自治区生育办法》，2002 年 11 月 28 日依此修订出台《新疆维吾尔族自治区人口和计划生育条例》，该条例规定："城镇汉族居民一对夫妻可生育一个孩子，少数民族居民一对夫妻可生育两个孩子；汉族农牧区一对夫妻可生育两个孩子，少数民族农牧区一对夫妻可生育三个孩子。同时对符合条件的夫妻再生育一个孩子的情况做出了规定。"① 但这一时期，南疆少数民族地区人口计划生育政策执行较为宽松，因此，人口增长依然较快。

1992～2000 年，从人口出生率来看，1992 年，喀什、和田的人口出生率分别为 20.71‰、20.85‰，2000 年则为 19.32‰和 21.18‰，下降不明显；从人口死亡率来看，1992 年，喀什、和田的人口死亡率分别为 8.80‰、8.11‰，2000 年则为 6.35‰和 6.95‰，进一步下降；从人口自然增长率来看，1992 年，喀什、和田的人口自然增长率分别为 11.91‰、12.74‰，2000 年则为 12.97‰和 14.22‰，比差异化政策的第一阶段有所下降，但下降不明显。

而到 2016 年，喀什、和田的人口出生率分别为 27.57‰、20.94‰，人口死亡率分别为 9.97‰、5.15‰，人口自然增长率分别为 17.60‰和 15.79‰。可见，虽然这其中有对人口数据的漏报、补报因素，但 2000～2016 年，南疆人口自然增长的确有一定反弹（见图 3－1、图 3－2、图 3－3）。

从人口总量变化来看，1992 年，南疆四地州总人口 651.31 万人，到 2016 年则增加到 1007.57 万人，是 1992 年人口的 1.53 倍，是 1949 年人口的 3.48 倍，1992～2016 年均增长 18.30‰，高于新疆维吾尔自治区平均水平

---

① 新疆维吾尔自治区党委政策研究室编：《新疆人口发展与计划生育研究》，社会科学文献出版社 2013 年版，第 17 页。

（15.80‰），也远高于全国平均水平（6.90‰），新疆的人口变化中部分源于人口迁入，南疆四地州的人口变化则主要是自然增长。

可见在这一阶段，南疆四地州的人口增长依然较快，快于新疆人口平均增速，也快于全国人口平均增速。

4. 汉族少数民族统一计划生育政策阶段（2017 年之后）

2017 年，新疆开始对少数民族和汉族实行相同的计划生育政策[①]，政策效果还需要今后继续观察。

综上所述，自 1949 年以来，南疆的人口出生率和死亡率均有一定程度降低，但是，南疆的人口出生率降低幅度远低于全国平均水平，而由于医疗等社会保障水平的提高，人口死亡率大幅下降，因此，南疆四地州人口自然增长相对较快，至今南疆人口转变依然处于“高—低—高”的人口转变过渡阶段。笔者实地考察发现，自 2014 年“访惠聚”工作组驻村工作以来，南疆农村人口计划生育政策得到较好落实，目前，超生情况已较少，人口增长也渐趋稳定。

二、南疆经济快速增长仍处于工业化起步阶段

马克思早就指出工业化是不发达国家和地区发展的必然选择。而工业化和现代化并不是一蹴而就的。就经济发展的过程来看，罗斯托、库兹涅茨、霍夫曼、钱纳里都对经济成长或工业化发展的阶段做过定性划分，而这里仅依据罗斯托的经济成长阶段对南疆经济发展所处阶段进行划分。前文已经简单介绍了罗斯托定义的传统社会、为起飞创造前提阶段、起飞阶段、成熟工业化阶段、高质量发展和高消费阶段的基本特征，以下结合罗斯托的经济成长阶段及其他几位经济学家对经济发展阶段的划分以及南疆经济发展的实际，

① 参见新疆维吾尔自治区卫生监督局：《新疆维吾尔自治区人口与计划生育条例》（2017 最新版本），2017－08－04，http://www.xjwsjd.gov.cn/flfg/jgsyfg/xjwwezcgbb/14509.htm.

分析南疆在新中国成立以来经济成长所经历的阶段。

1. 1949～1978年：创造前提条件第一阶段

新中国成立开辟了新疆经济社会发展的新时代。1949年12月17日，在党中央、中共中央新疆分局的领导下，成立了新疆省人民政府。此后，省人民政府领导新疆各族人民进行了废除封建王公制度以及改造各级旧政权的工作，新的各级城乡政府陆续建立起来。同新中国成立初期的全国其他民族地区一样，新疆南疆的社会改革运动大体上分两步：第一步是民主改革，主要是废除旧社会遗留下来的封建、奴隶制度；第二步是社会主义改造，目标是消灭生产资料私有制，完成向社会主义的过渡。新疆的社会主义改造主要有农业的社会主义改造、牧区的互助合作与社会主义改造、手工业的社会主义改造和私营工商业的社会主义改造。其中，1953年年底完成了农业的社会主义改造，到1956年中期，全疆基本完成对私营工商业的社会主义改造任务；1956年年底，全疆实行公私合营。新疆的社会主义改造顺利完成，消灭了封建剥削压迫制度，建立了社会主义经济制度，新疆各族人民获得彻底解放。新疆少数民族超越一个或几个社会发展阶段，直接跨入社会主义社会，实现了社会发展的大飞跃，从根本上结束了各族劳苦大众政治上受压迫、经济上受剥削的悲惨生活①。这使人民大众翻身做了主人，从民主改革到社会主义改造，一步步走上共同富裕、繁荣发展的社会主义道路②。

这一时期，计划经济模式在全国、新疆以及南疆地区占主导地位，也建立了新中国成立初期南疆的各项社会基础。计划经济体制一方面通过计划分配保障了人民的最低生存需求；另一方面，计划经济体制也束缚了南疆经济的快速发展。

---

① 马胜春、阿不都艾尼：《新疆维吾尔自治区经济史》，山西经济出版社2016年版，第112～117页。

② 田卫疆：《历史巨变后的沉思》，《西北民族研究》，2009（2）。

2. 1978~2000 年：创造前提条件第二阶段

党的十一届三中全会之后，伴随改革开放，南疆发展也进入新阶段。基础设施不断完善，经济快速发展。特别是 1992 年深化改革以后，南疆经济发展与全国经济一道走上了快车道，但由于基础薄、底子差，与全国平均水平的差距也在逐渐拉大。

具体来看喀什地区、和田地区的经济总量变化。20 世纪 90 年代初期深化改革至西部大开发启动时期，如图 3－4 所示，1990 年，喀什、和田的地区生产总值（GDP）分别为 27.41 亿元、10.57 亿元；2000 年，喀什、和田的地区生产总值分别为 75.44 亿元、27.13 亿元，1990 年至 2000 年，喀什、和田地区生产总值年均增长 10.65% 和 9.88%，低于新疆（17.41%）和全国平均水平（18.15%），但喀什、和田两地的地区生产总值增速和增幅都是巨大的。

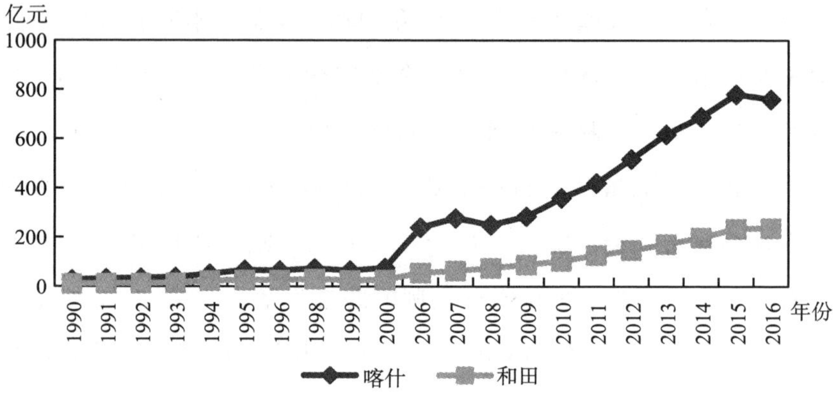

图 3－4　1990~2016 年喀什、和田地区生产总值变化

数据来源：《新疆统计年鉴》（2001、2017）、《中国统计年鉴》（2001、2017）。

从产业结构来看，如图 3－5 和表 3－2 所示，这一时期，南疆地区第一产业产值比重在三个产业中较高，1991 年，喀什、和田第一产业产值比重分别高达 64.31% 和 66.84%，远高于同期新疆（33.30%）和全国（24%）水平。2000 年，喀什、和田第一产业产值比重略有下降，分别为 54.25% 和 55.27%，但仍超过 50%，同期新疆和全国第一产业产值比重则已分别下降到 21.10% 和 14.70%。此时，按一般工业化的国际标准，全国第一产业产值占比已下降到 15% 以下，基本实现了工业化，新疆维吾尔自治区总体也接近工业化指标，但南疆的喀什、和田则距离工业化依然有较大距离。

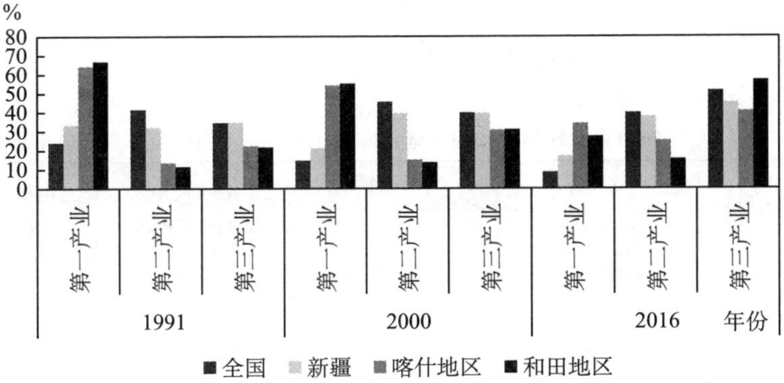

图 3-5 喀什、和田产业结构变化

数据来源：《新疆统计年鉴》(2001、2017)、《中国统计年鉴》(2001、2017)。

表 3-2 喀什、和田产业结构变化 单位：%

年份	产业类别	全国	新疆	喀什地区	和田地区
1991	第一产业	24.00	33.30	64.31	66.84
	第二产业	41.50	32.10	13.46	11.48
	第三产业	34.50	34.60	22.23	21.68
2000	第一产业	14.70	21.10	54.25	55.27
	第二产业	45.50	39.40	15.00	13.69
	第三产业	39.80	39.50	30.75	31.03
2016	第一产业	8.60	17.10	34.20	27.40
	第二产业	39.80	37.80	25.20	15.50
	第三产业	51.60	45.10	40.60	57.10

数据来源：《新疆统计年鉴》(2001、2017)、《中国统计年鉴》(2001、2017)。

3. 2000～2016 年：发动阶段

2000 年西部大开发以来，南疆四地州的经济发展增速快、规模不断扩大，结构不断优化。

从地区生产总值（GDP）来看，如表3－3所示，2016年，喀什、和田的地区生产总值分别由2000年的75.44亿元、27.13亿元达到759.86亿元、236.33亿元，是2000年10.07倍和8.71倍；2000～2016年，喀什、和田地区生产总值年均增速15.53%、14.49%，均高于新疆同期年均增速（13.01%）和全国年均增速（13.34%）。

表3－3　2000年、2016年南疆四地州地区生产总值（GDP）　单位：亿元，倍，%

地　区	2000年	2016年	2016年GDP与2000年GDP之比	2000～2016年GDP年均增速
	GDP	GDP		
中　国	100280.1	744127.2	7.42	13.34
新　疆	1363.56	9649.7	7.08	13.01
阿克苏	93.53	792.80	8.48	14.29
克　州	7.96	100.33	12.60	17.16
喀　什	75.44	759.86	10.07	15.53
和　田	27.13	236.33	8.71	14.49

数据来源：《新疆统计年鉴》（2001、2017）、《中国统计年鉴》（2001、2017）。

从产业结构来看，如图3－5和表3－2所示，至2016年，喀什、和田的第一产业产值比重已由2000年的超过50%下降到34.20%和27.40%；第二产业产值比重有所上升，分别为25.20%和15.50%；特别显著的是喀什、和田第三产业产值比重分别达到40.60%和57.10%，接近新疆（45.10%）和全国平均水平（51.60%）。

三、南疆人口经济仍处于“低水平均衡陷阱”

纳尔逊（Richard Nelson）的“低水平均衡陷阱”（“马尔萨斯陷阱”）论认为，人口增长率对于人均国民收入增长水平是很敏感的。生活贫困死亡率必然较高，从而抑制了人口增长。一旦人均收入增长率快于人口增长率，人民生活将会有所改善，而生活改善又会降低死亡率并提高出生率，从而使人口增长速度加快。快速上升的人口增长率，将使人均收入回到原来的水平，因此，在最低的人均收入水平增长到与人口增长率相等的人均收入水平之间有一个“人口陷阱”，在此陷阱中，任何超过最低人均收入水平的经济增长都将被人口增长所抵消①。马尔萨斯也曾指出，穷国永远不能超越人均收入维持生计的水平，除非他们能够推动控制人口增长的措施②。20 世纪 50 年代，科尔和胡佛曾经研究了印度的人口增长对经济增长的阻碍作用，并采用计量经济模型测算印度人口增长对经济增长的阻碍情况。

从南疆四地州的人均 GDP 来看，如表 3－4 和图 3－6 所示，2000 年，阿克苏、克州、喀什、和田人均 GDP 分别为 4548 元、1832 元、2241 元、1659 元，远远低于新疆维吾尔自治区平均水平（7372 元）和全国平均水平（7942 元），排在新疆十四个地州的最后；到 2016 年，南疆四地州的人均地区生产总值分别增长到 28289 元、16736 元、16860 元、9901 元，是 2000 年的 6.22 倍、9.14 倍、7.52 倍、5.97 倍，增长幅度很大，但南疆四地州人均地区生产总值依然排在十四个地州的末位，与新疆维吾尔自治区平均水平（40564 元）以及全国平均水平（53980 元）差距很大。国务院发展研究中心发展战略和区域经济研究部“十一五”计划基本思路研究课题组（以下简称小康目标课题组）的李善同等曾在 2004 年对 2020 年的小康目标提出过具体化，即 2020 年中国全面小康社会的人均 GDP 目标在 4000～5000 美元③，即人民币 25000～30000 元，可见 2016 年时除阿克苏外，喀什、和田、克州人均 GDP 水平与小康目标仍有一定差距。而新疆维吾尔自治区“十三五”规划的经济发展目标是 GDP 年均增长 7%④，不考虑通货膨胀因素，到 2020 年，新疆人

---

① 李仲生：《人口经济学》，清华大学出版社 2009 年版，第 86 页；谭崇台：《发展经济学概论》，武汉大学出版社 2015 年版，第 40 页。

② ［美］迈克尔·P. 托达罗、斯蒂芬·C. 史密斯：《发展经济学》，余向华等译，机械工业出版社 2010 年版，第179～180 页。

③ 李善同、侯永志、孙志燕等：《聚焦：全面建设小康社会的 16 项指标》，《经济参考报》，2004－03－11，http://news.xinhuanet.com/newscenter/2004－03/11/content_1360221_1.htm。

④ 《“十三五”时期新疆经济社会发展目标确定》，人民网－新疆频道，2016－01－11，http://xj.people.com.cn/n2/2016/0111/c188514－27514160.html。

均地区生产总值目标为 56152.56 元，对南疆四地州来讲，实现这个目标仍将面临巨大挑战。

表 3－4　2000～2016 年南疆四地州人均地区生产总值（GDP）　单位：元，倍

地区	2000 年		2016 年		2016 年人均 GDP 与 2010 年人均 GDP 之比
	人均 GDP	排序	人均 GDP	排序	
中国	7942		53980		6.80
新疆	7372		40564		5.50
阿克苏	4548	10	28289	10	6.22
克州	1832	13	16736	13	9.14
喀什	2241	12	16860	12	7.52
和田	1659	14	9901	14	5.97

数据来源：《新疆统计年鉴》（2001、2017）。

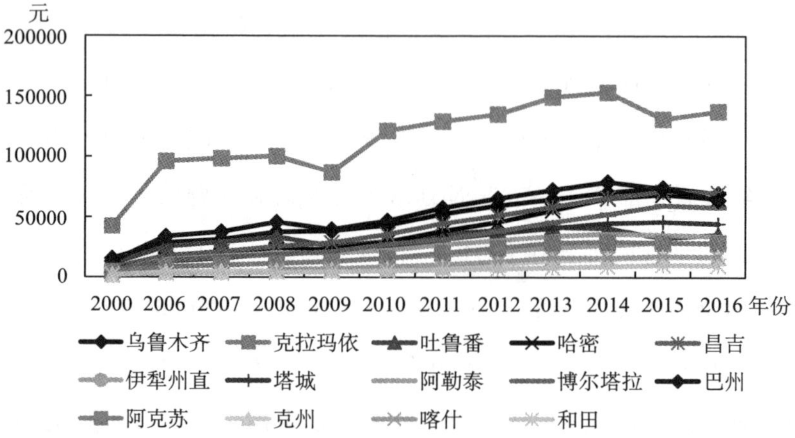

图 3－6　2000～2016 年新疆十四个地州人均地区生产总值变化

数据来源：《新疆统计年鉴》（2001～2017）。

随着南疆四地州人口的快速增长，虽然其经济也有一定增长，但按人均计算的各项经济指标却均排在新疆十四个地州的末位，处于人口经济“低水平均衡陷阱”。面对国家的全面小康目标，虽然有大量的外部投入，但是，如果不能有效控制好南疆四地州人口快速增长的态势，南疆跨越式发展将会面临巨大挑战。

第二节　南疆教育水平与经济增长不协调

舒尔茨认为，对人口的投资可以提高人口的素质，从而提高劳动生产率，人的能力和素质是决定贫富的关键，旨在提高人口素质的投资极大地有利于经济的繁荣。从经济发展的过程来看，人口素质在生产要素中的位置越来越重要。贝克尔也认为，教育和培训是提高人力资本质量促进经济发展和人民收入水平提高的重要途径。内生经济增长理论则将人力资本看作经济发展的内生变量。传统的比较优势的经济学理论认为，一国或地区的生产优势主要取决于自然资源、资本和劳动力要素的构成比率。但事实上具有资源优势的国家不一定经济发达，而人口素质高的国家往往具有竞争力，如美国、日本和德国在其经济发展过程中始终把提高人口素质放在首位。人口所具有的知识和劳动技能是比较优势的重要来源。当前，在国家大力援助的情况下，南疆经济要实现跨越式发展，其自身人口素质的提高至关重要。南疆人口的身体素质与全国平均水平差距不大，文化素质相对较低，思想观念仍一定程度上受到传统文化的影响。由于在之后的章节中仍要深入探讨南疆教育水平与经济增长不协调的状况，本节仅简要分析南疆的人均受教育年限、各级各类教育比重及人力资本存量状况，并说明其不利于南疆经济发展的原因。

一、南疆人口平均受教育年限不利于经济发展

如表 3－5 所示，2000 年南疆阿克苏、克州、喀什、和田四地州人口平均受教育年限分别为 7.12 年、7.02 年、6.68 年、6.20 年，而到 2010 年四地州人口平均受教育年限分别提高到 8.56 年、8.86 年、8.30 年、8.07 年，分别提高了 1.44 年、1.84 年、1.62 年、1.87 年，但四地州人口平均受教育年

限仍均低于新疆维吾尔自治区平均水平（9.27年），也低于全国平均水平（8.81年），在新疆十四个地州中排名最后，显然对经济发展不利。

表3-5　　南疆四地州人口平均受教育年限　　单位：年

地　区	2010年			2000年		
	合计	男	女	合计	男	女
新　疆	9.27	9.39	9.13	7.73	7.94	7.50
阿克苏	8.56	8.67	8.45	7.12	7.29	6.92
克　州	8.86	8.94	8.78	7.02	7.22	6.81
喀　什	8.30	8.37	8.22	6.68	6.83	6.53
和　田	8.07	8.19	7.95	6.20	6.39	6.01

数据来源：《2010年新疆人口普查资料》。

二、南疆各级各类受教育人口比重不合理

1986年4月我国颁布了《中华人民共和国义务教育法》，首次把义务教育法定化，规定适龄的"儿童和少年"必须接受9年义务教育。自2003年秋季开始，新疆维吾尔自治区人民政府对南疆四地州各县（市）的所有九年义务教育阶段的学生实施免费提供教科书和免收杂费。在此政策支持下，南疆学龄人口基本普及了义务教育，人口受教育水平大幅提高。

由于对义务教育的重视，2000年至2010年，南疆未上过学的人口比重大幅减少。如表3-6所示，2000年南疆阿克苏、克州、喀什、和田未上过学的人口比重高达9.39%、10.71%、12.32%、15.02%；而到2010年阿克苏、克州、喀什、和田未上过学的人口比重则分别减少到3.27%、2.14%、4.13%、3.07%。

2000年至2010年南疆完成义务教育的人口比重也大幅提高。如表3-6所示，2000年，南疆阿克苏、克州、喀什、和田初中及以上受教育人口的比重仅为40.67%、35.34%、35.09%、26.57%，均低于新疆平均水平（49.26%）；

而到2010年，南疆阿克苏、克州、喀什、和田初中及以上受教育人口的比重则为58.44%、53.45%、56.79%、51.46%，比2000年有了大幅提高。

2000年至2010年，虽然新疆大专及以上学历人口比重有所提高，但比重依然较低，如表3-6所示，2000年，阿克苏、克州、喀什、和田大专及以上教育程度的人口占3.05%、3.88%、2.22%、2.03%，均低于新疆平均水平（5.63%）；2010年，阿克苏、克州、喀什、和田大专及以上学历人口的比重分别为7.13%、10.02%、5.32%、4.84%，仍远低于自治区平均水平（11.60%）。

表3-6　2010年南疆四地州各级各类受教育人口比重　单位：%

地　区	年份	未上过学	小学	初中	高中	大专及以上学历
新　疆	2010	3.18	32.87	39.60	12.75	11.60
	2000	9.10	41.63	30.26	13.37	5.63
阿克苏	2010	3.27	38.29	43.57	7.74	7.13
	2000	9.39	49.93	29.48	8.14	3.05
克　州	2010	2.14	44.42	34.08	9.35	10.02
	2000	10.71	53.95	20.52	10.94	3.88
喀　什	2010	4.13	39.08	45.34	6.13	5.32
	2000	12.32	52.59	25.68	7.19	2.22
和　田	2010	3.07	45.48	42.60	4.02	4.84
	2000	15.02	58.41	19.05	5.49	2.03

数据来源：《2000年新疆人口普查资料》、《2010年新疆人口普查资料》。

综上所述，2000年以来，南疆人口受教育水平大幅提高，基本普及了义务教育，但受高等教育人口比重依然较低。按人力资本理论，这对南疆四地州经济跨越式发展极为不利。

三、南疆人力资本存量低不利于其实现跨越式发展

依据文献资料，按教育年限法计算南疆的人力资本存量，基本公式如下：

$$人力资本 = 小学受教育人口数 \times 6 + 初中受教育人口数 \times 9$$
$$+ 高中受教育人口数 \times 12 + 大专及以上学历人口数 \times 16$$

其中的人口数按普查数据中6岁及以上受教育人口数计算，小学、初中、高中、大专及以上学历人口受教育年限分别按6年、9年、12年、16年计算。

按上述公式，如表3－7所示，依据《2010年新疆人口普查资料》数据计算，南疆四地州阿克苏、克州、喀什、和田的人力资本存量分别为17724450年、3882444年、28241867年、14001859年，分别占新疆维吾尔自治区总人力资本的9.95%、2.18%、15.85%、7.86%，均低于各地人口占自治区总人口比重10.89%、2.62%、19.61%、10.64%。而这样计算的人力资本存量还没有考虑南疆教育质量以及双语教育质量较低的因素，可见，南疆各地州实际的人力资本存量可能更低，对南疆经济的跨越式发展极为不利。

表3－7　2010年南疆四地州人力资本存量情况　单位：年，%

地区	人力资本		总人口比重
	存量	比重	
新疆	178127212	100	100
阿克苏	17724450	9.95	10.89
克州	3882444	2.18	2.62
喀什	28241867	15.85	19.61
和田	14001859	7.86	10.64

数据来源：《2010年新疆人口普查资料》。

第三节　南疆人口结构与经济发展不协调

人口结构是社会经济结构的一部分，是人们的社会位置以及彼此之间的关系，一定的人口结构受到一定时期、一定地域内的社会生产力发展水平、文化观念和社会控制力量的影响和制约。透过对人口结构的研究，可以透视各种社会力量的变化，因为人口结构与各种社会力量之间是一种互动关系，人口结构的变化直接影响各种社会力量的变化，从而对经济发展产生影响。下面主要分析南疆四地州人口产业就业结构、城乡结构与经济发展的不协调状况。

一、南疆非农产业就业偏离度大不利于吸纳就业

近现代世界经济发展以工业化以及由工业化带动的城市化为主要特征，工业化是迄今为止人类文明中最辉煌的阶段[①]。凡是经过工业化的国家或地区，经济社会发展水平均从低收入的经济体较快地发展成为中等收入以至高收入经济体。一般来说，随着工业化的深入，以金融产业、信息技术产业为代表的第三产业逐步发展起来，并在国民经济中占据越来越重要的地位。同时，第三产业的发展也成为经济增长和发展的重要推动因素。因此，一定程度上可以说“第三产业发展程度标志着一国经济发展的水平”[②]。而南疆四地州的产业发展滞后，产业结构不合理，仍然以第一产业为主，虽然第一产业的产值比重逐年有所下降，但是第一产业就业人口却呈现增加的趋势。南疆农村较高的人口增长速度，使得其产业就业偏离度加大，相应也增加了其非农产业的就业需求。

（一）产业结构偏离度

“结构偏离度”是产业经济学中衡量产业结构与就业结构协调程度的指标，它也是测度产业结构效益的一种有效方法。其计算公式如下：

某产业的结构偏离度 = 某产业产值比重/某产业就业比重 − 1

结构偏离度的绝对值越小（越接近于零），产业结构与就业结构的关

① 金碚：《全球竞争新格局与中国产业发展趋势》，《中国工业经济》，2015（5）。

② 周天勇、张弥：《我国第三产业发展方略》，《财经问题研究》，2010（9）。

系越协调，该就业结构与产业结构就越合理；当结构偏离度等于零时，产业结构与就业结构关系完全协调；当结构偏离度大于零时，产业产值比重大于产业就业比重，说明该产业的劳动生产率较高，应吸纳更多劳动力，使产业发展与就业吸纳力保持一致；当产业结构偏离度小于零时，产业就业比重大于产业产值比重，说明该产业劳动生产率较低，该产业有可能已经存在隐性失业。从另一角度来说，结构偏离度小于零的产业，劳动力转出的可能性较大；相反，结构偏离度大于零的产业，劳动力转入的可能性较大①。

（二）南疆第一产业产值比重下降劳动就业增加

如表 3－8 所示，2000 年到 2010 年中国第一产业产值比重下降了 5.20%，就业比重下降了 13.30%；新疆维吾尔自治区第一产业产值比重下降了 1.30%，就业人口比重微弱下降 0.22%；与新疆和全国一样，南疆四地州第一产业产值比重也减少了，而就业人口比重却有所增加。2000 年到 2010 年，阿克苏、克州、喀什、和田第一产业产值比重分别下降了 11.31、20.84、12.05、20.17 个百分点，而与此同时，第一产业就业人口比重却降幅很小，甚至不降反升。2000 年到 2010 年，阿克苏的第一产业就业人口比重微弱减低了 3.91 个百分点，而克州、喀什、和田第一产业就业人口比重则分别增加了 4.47、6.44、2.55 个百分点，与第一产业产值比重的大幅下降形成强烈反差。目前，在南疆四地州生态承载压力较大的前提下，第一产业过高的就业人口比重反映出南疆四地州经济发展水平落后，产业发展滞后，第一产业的劳动力转移压力较大，同时也从一个侧面反映了南疆四地州隐性失业大量存在的事实。

① 马胜春：《中国区域产业结构与就业结构的差异和变动趋势分析》，《经济研究参考》，2014（11）。

表 3-8　南疆四地州第一产业产值和就业人口情况比较　单位：%

地区	就业人口比重			产值比重		
	2000 年	2010 年	2000～2010 年	2000 年	2010 年	2000～2010 年
中国	50.00	36.70	-13.30	14.70	9.50	-5.20
新疆	61.44	61.22	-0.22	21.10	19.80	-1.30
阿克苏	77.03	73.12	-3.91	46.11	34.80	-11.31
克州	73.43	77.90	4.47	40.94	20.10	-20.84
喀什	77.77	84.21	6.44	54.25	42.20	-12.05
和田	83.84	86.39	2.55	55.27	35.10	-20.17

数据来源：《2000 年新疆人口普查资料》、《2010 年新疆人口普查资料》、《新疆统计年鉴》（2001、2011）、《中国统计年鉴》（2001、2011）。

2010 年，阿克苏、克州、喀什、和田第一产业就业人口比重依然高达 73.12%、77.90%、84.21%、86.39%，从就业人口比重来看，南疆四地州依然是典型的传统农业社会，农业现代化、科学化种植养殖还没有得到大力推广。南疆四地州在产值比重下降的同时，其中三地州就业人口比重却呈现上升的趋势，而南疆四地州农村生育率高，人口增长过快，无疑将会相对降低农村人口的收入水平，从而导致一部分农村人口陷入贫困。

（三）南疆二三产业产值比重上升而就业人口比重下降

强大的外部援助，以及强调资本积累和工业化的发展战略，对建立南疆工业化基本框架起到了一定作用，但是并没能快速从根本上改变其人口产业结构相对落后的状况，南疆二元经济和社会特征依然显著，人口产业结构错位明显。如表 3-9 所示，从南疆喀什、和田地区二三产业产值比重来看，2010 年，喀什、和田分别为 57.80%、64.90%，虽然还低于新疆（80.20%）和全国（90.50%）水平，但是比 2000 年均有较大幅度提升，分别提高了 12.05、20.17 个百分点。而从二三产业就业人口比重来看，2010 年，喀什、和田分别仅为 15.79%、13.69%，均比 2000 年有所下降，分别下降了 6.44、2.55 个百分点。比较来看，2000～2010 年，南疆产业结构有了大幅提升，但是就业结构却没有显著改善，就业结构和产业结构错位更加明显。

表 3-9　2000~2010 年南疆喀什、和田二三产业就业人口比重与产值比重比较　单位：%

地域	就业人口比重			产值比重		
	2000 年	2010 年	2000~2010 年变化	2000 年	2010 年	2000~2010 年变化
全国	50.00	63.30	13.30	85.30	90.50	5.20
新疆	38.56	38.78	0.22	78.90	80.20	1.30
喀什	22.23	15.79	-6.44	45.75	57.80	12.05
和田	16.16	13.61	-2.55	44.73	64.90	20.17

数据来源：《2000 年新疆人口普查资料》、《2010 年新疆人口普查资料》、《新疆统计年鉴》(2001、2011)、《中国统计年鉴》(2001、2011)。

从日本以及一些地区的成功经验来看，劳动密集型产业对落后地区走出“马尔萨斯陷阱”具有重要作用。目前，南疆虽然已经建立起了一批劳动密集型企业，但是对就业的吸纳依然不足以改变当地的产业就业严重偏离的情况。从南疆的现实情况来看，2010 年，虽然二三产业产值比重已经占地区生产总值的 60% 左右，但是，并没能有效吸纳其农村的大量人口，仅吸纳了 15% 左右的人口就业。可见，当前南疆的二三产业发展还不具备有效吸纳人口就业的能力。

如表 3-10 所示，南疆四地州阿克苏、克州、喀什、和田的非农产业结构偏离度分别为 1.43、2.62、2.66、3.77，远高于全国平均水平 0.43 和新疆维吾尔自治区平均水平 1.07。其中和田非农产业结构偏离度最大，为 3.77，二三产业产值已占地区生产总值的 64.90%，而二三产业就业人口仅占总就业人口的 13.61%。可见南疆四地州二三产业产值已占很高的比例，但对就业的吸纳能力却非常有限。

表 3-10　2010 年南疆四地州非农产业结构偏离度　单位：%，倍

地区	二三产业产值比重	二三产业就业人口比重	非农产业结构偏离度
中国	90.50	63.30	0.43
新疆	80.20	38.78	1.07
阿克苏	65.20	26.88	1.43
克州	79.90	22.10	2.62
喀什	57.80	15.79	2.66
和田	64.90	13.61	3.77

数据来源：《中国统计年鉴 2011》、《新疆统计年鉴 2011》、《2010 年新疆人口普查资料》。

由以上分析可见，2000 年到 2010 年，南疆的第一产业产值比重下降而就业人口比重上升，二三产业产值比重虽然上升但就业人口比重下降，因此，南疆的产业结构偏离度较高，产业结构的升级并没有有效带动就业，并且，因语言、生活习惯等多种原因南疆人口流出面临巨大困难。

二、南疆城镇化水平低不利于劳动生产率提高

城镇是人类活动的场所，是人类改造自然、利用自然、对自然进行彻底改变并以人工环境为主的生活空间。城镇与乡村人口同时存在，是经济体制变革和社会生产力发展到一定阶段的产物。随着乡村社会生产力的不断发展和劳动生产率的不断提高，乡村劳动力出现剩余，不可避免地向城镇转移，使得乡村人口所占比例下降[①]；城镇化水平高低是衡量一个国家或地区社会组织程度和经济发展水平的重要标志。城市化是第一产业人口不断减少，第二、第三产业人口逐渐增加的过程[②]。城市化是工业化的产物，工业化推动城市化，这已为历史发展所证明[③]。城市化有利于提高劳动生产率、提高人口素质，有利于自然与人力资源的合理配置[④]，所以说城市化水平高低是衡量一个国家或地区社会组织程度和经济发展水平的重要标志。从社会变迁和社会发展的角度，城市化被视为“城市革命”，是人类聚居类型的本质变化[⑤]。1984 年，国务院公布的《城市规划条例》规定：“所谓城市是指国家行政区域划分设立的直辖市、市、镇以及未设镇的县城。”而中国的城市人

---

① 佟新：《人口社会学》，北京大学出版社 2010 年版，第 249 页。

② 陈柳钦：《产业发展：城市化的动力》，《华北电力大学学报》（社会科学版），2004（10）。

③ 阿布都热合曼·哈力克、卞正富、瓦哈甫·哈力克：《南疆城市化发展中的生态环境问题与反贫困研究》，《农业现代化研究》，2008（6）。

④ 李永乐、吴群、舒帮荣：《城市化与城市土地利用结构的相关研究》，《中国人口·资源与环境》，2013（4）。

⑤ 佟新：《人口社会学》，北京大学出版社 2010 年版，第 250 页。

口远高于按产业这一经济标准划分的城镇人口①。南疆四地州城市人口比重也高于非农产业人口比重。南疆人口城镇化水平非常低，远低于新疆和全国平均水平，二元社会经济结构特征显著。

如表3－11所示，2016年南疆四地州总人口1007.57万人，其中城镇人口252.41万人，乡村人口755.16万人，城镇化率仅为25.05%。南疆阿克苏、克州、喀什、和田城镇人口分别为82.25万人、13.39万人、102.24万人、54.53万人；乡村人口分别为168.58万人、46.90万人、349.24万人、190.45万人，人口城镇化率分别为32.79%、22.21%、22.65%和22.26%，均低于35%，远低于新疆（48.35%）和全国平均水平（57.35%）。

表3－11　2016年南疆四地州城乡人口数量　单位：万人，%

地区	总人口	城镇人口		乡村人口	
		人口数	比重	人口数	比重
中　国	138271.00	79298.42	57.35	58972.58	42.65
新　疆	2302.32	1113.17	48.35	1189.15	51.65
南疆四地州	1007.57	252.41	25.05	755.16	74.95
阿克苏	250.83	82.25	32.79	168.58	67.21
克　州	60.29	13.39	22.21	46.90	77.79
喀　什	451.47	102.24	22.65	349.24	77.35
和　田	244.98	54.53	22.26	190.45	77.74

数据来源：《中国统计年鉴2017》、《新疆统计年鉴2017》。

南疆较低的城镇化水平是与其产业结构相对落后相一致的，这种城镇结构意味着劳动生产率相对较低，因此不利于经济发展。

综上所述，依据费景汉和拉尼斯的二元经济思想，农业部门自身的发展也可以大幅提高农民的收入水平，从而缓解二三产业吸纳劳动力的压力，在农业剩余人口向非农业部门转移的过程中，一方面是劳动力的吸收，另一方

① 田雪原：《人口学》，浙江人民出版社2004年版，第309～318页。

面也是劳动力的释放。目前，南疆第一产业劳动生产率还非常低，农业仍为粗放经营，因此，也使得其二三产业面临更大的就业压力。而南疆农村大量劳动力的流动迁移能力也很弱。托达罗依据西欧和北美的经验认为，劳动力从农村流向城市，即是发展的一个标志，劳动力从传统农业中释放出来，重新配置到城市生产部门，使城乡生产有明显的分工，促进了工业化，也促进了城市化[①]。虽然南疆本地非农产业对就业的吸纳能力差，但如果其农村的剩余劳动力能够流动到其他省市，也可以变相解决南疆当地二三产业吸纳就业人口的压力。但目前来看，由于语言、生活习惯等多种原因，南疆人口流动能力非常弱。

---

① 谭崇台：《发展经济学概论》，武汉大学出版社 2015 年版，第 99～101 页。

第四章　援助背景下南疆经济发展的人力资本困境

第一节　援助政策及其实施成效

一、国家扶持落后地区的理论基础

落后地区由于经济发展水平不高，劳动生产率低，自我积累、自我发展的能力较弱，若没有大量的资金投入和国家的政策扶持，要加快发展是相当困难的，即使是发达国家的落后地区也不例外。1936 年，凯恩斯（John Maynard Keynes）提出国家干预主义以应对社会的有效需求不足从而缓解就业[①]。基于凯恩斯的国家干预主义，20 世纪 40 年代中期的哈罗德—多马模型（Harrod – Domar model）强调，要获得经济增长，必须在现有资本存量的基础上附加新的投资，而新增投资必须首先协调市场的失灵。在发展经济学中最著名的协调失灵的模型就是 20 世纪 40 年代由保罗·罗森斯坦·罗丹（Paul Rosenstein – Rodan）提出的“大推进”模型[②]。

---

① ［美］约翰·梅纳德·凯恩斯：《就业、利息和货币通论》，宋韵声译，华夏出版社 2005 年版，第 22 页。

② ［美］迈克尔·P. 托达罗、斯蒂芬·C. 史密斯：《发展经济学》，余向华等译，机械工业出版社 2010 年版，第 92 ~ 101 页。

在承认“低水平均衡陷阱”状况存在的基础上，1957 年，美国经济学家莱宾斯坦（Harvey Leibenstein）提出“临界最小努力”理论，他认为，在发展中国家的经济增长过程中，存在着两种对立的力量，即提高收入的力量和压低收入的力量。提高收入的力量决定于上一期的收入水平和投资水平，压低收入的力量取决于上一期的投资规模和人口增长速度。当压低收入的力量大于提高收入的力量时，人均收入的增长将被人口过快增长的力量所抵消，并退回到原来的“低水平均衡陷阱”中去。只有当提高收入的力量大于压低收入的力量时，人均收入才会大幅度提高，从而打破低收入稳定均衡。而这种刺激的最低限度就是“临界最小努力”①。而要实现“临界最小努力”，必须具备一定的前提条件，如改变人们的传统观念，鼓励敢于承担风险、善于追求利润的精神，激发群众的经济增长动机，并创造适宜的投资环境，培育有创新能力的企业家群体，大力开发和应用新技术等。“临界最小努力”理论，从投资不足方面探讨了发展中国家贫困落后、经济长期停滞的原因，使人们注意到在一定人口压力下发展中国家的投资规模对促进经济发展的积极作用，这对发展中国家制定经济发展战略具有一定的启发意义。

20 世纪末，保罗·克鲁格曼（Paul R. Krugman）进一步完善了“大推进”理论②。理论研究表明，在协调失灵方面，政府如果可以提供公共物品（基础设施）并投资人力资本（教育）或研发投资等互补性投资③，将对落后国家和地区的经济发展具有重要促进作用。

二、一系列惠及南疆的政策措施

中国一直对边疆贫困地区采取各种优惠政策措施。1953 年开始实行“少

① Harvey Leibenstein. *Economic Backwardness and Economic Growth*. Wiley, New York, 1957；李仲生：《人口经济学》，清华大学出版社 2009 年版，第 76 页。

② ［美］保罗·克鲁格曼：《发展、地理学与经济理论》，蔡荣译，北京大学出版社、中国人民大学出版社 2002 年版，第 87 页。

③ ［美］迈克尔·P. 托达罗、斯蒂芬·C. 史密斯：《发展经济学》，余向华等译，机械工业出版社 2010 年版，第 94 页。

数民族聚居地区农牧业的轻税政策”，1958 年开始实行“对生活困难的少数民族聚居地区减征农业税”；1985 年开始实行“国家对‘老、少、边、穷’地区减免所得税”；1994 年开始实行“对收购边销茶原料企业按 10% 征收农业特产税”；1999 年 9 月，党的十五届四中全会明确提出了“国家要实施西部大开发战略”，强调要有步骤、有重点地大力推进西部地区的基础设施建设、生态环境保护建设、产业结构调整、科技和教育发展；2000 年开始，“兴边富民行动”开始在中国九个边疆省区试行，2007 年，“兴边富民行动”上升为国家决策，国务院办公厅颁发《兴边富民行动“十一五”规划》。

国家对新疆的对口援助源远流长。20 世纪 50 年代，解放军官兵和新疆当地群众共同屯垦戍边；60 年代，技术工人和知识青年一起建设边疆①。1979 年 4 月，乌兰夫在全国边防工作会议上就初步提出对民族地区实施对口援助，同年 7 月，中央开始着手“组织内地省、市，实行对口支援边境地区和少数民族地区”②，同月，江苏省援助新疆，拉开了省际对口援疆的序幕。1996 年 3 月，中央下发了《中共中央关于新疆稳定工作的会议纪要》7 号文件，提出培养和调配一批思想过硬、工作优秀的汉族干部去新疆工作的决策部署。2010 年以来，中央召开两次新疆工作会议，强调新疆稳定和长治久安。2010 年 5 月，中央新疆工作座谈会召开，胡锦涛在会上强调做好新形势下新疆工作的重要性。2014 年 5 月，第二次中央新疆工作座谈会在北京举行，习近平总书记在会上强调，要围绕社会稳定和长治久安这个总目标，以推进新疆治理体系和治理能力现代化为引领，以经济发展和民生改善为基础，以促进民族团结、遏制宗教极端思想蔓延等为重点，坚持依法治疆、团结稳疆、长期建疆，努力建设团结和谐、繁荣富裕、文明进步、安居乐业的社会主义新疆。党中央历来高度重视新疆工作，作出一系列重大决策部署，推动

① 陈静：《对口援疆的历史演进与绩效评价》，《中共乌鲁木齐市委党校学报》，2013（3）。

② 国家民委政策研究室：《国家民委民族政策文件选编（1979～1984）》，中央民族大学出版社 1988 年版，第 242 页。

新疆改革发展、民族团结、社会进步、民生改善和边防巩固取得了历史性成就。

2010年开始，全国对口援疆工作会议频繁召开，至今已经召开了六次，部署和总结中央对口援疆工作。2010年3月，全国对口支援新疆工作会议召开，19个省市陆续进疆考察调研，并安排了首批试点项目，新一轮援疆工作拉开序幕。2011年5月，第二次全国对口支援新疆工作会议在北京召开，会议主题是由试点工作转入全面援疆。2012年5月，第三次全国对口支援新疆工作会议在北京召开，会议主题是产业援疆、增强新疆造血功能。2013年9月，第四次全国对口援疆工作会议召开，研究部署就业、教育、人才等援疆重点工作①。2015年9月第五次全国对口援疆工作会议召开，总结工作、分析形势、部署任务，以推动进一步的对口援疆工作。2017年7月，第六次全国对口援疆工作会议召开，会议深入贯彻习近平总书记系列重要讲话精神和治国理政新理念新思想新战略，认真贯彻落实党中央关于新疆工作的一系列重大决策部署，全面总结了20年来的对口援疆工作，为推动对口援疆工作更好发展，俞正声代表党中央提出了当前和今后一个时期对口援疆工作的具体要求，可以概括为：实现小康、脱贫攻坚；产业援疆吸纳就业；教育援疆提高人口素质；干部人才援疆提高管理水平；搭建平台促进交流交往；基层建设，增强基层组织凝聚力战斗力。

三、国家扶持政策的主要成效

国家实行对口援助新疆政策，特别是新一轮对口援疆后，南疆四地州的基础设施、居民的住房和生活条件以及教育、医疗等公共服务水平都得到了极大改善，新建的多个产业园区也一定程度上促进了南疆产业的发展，增加了就业。

---

① 钟慧笑：《对口援疆历史进程》，《中国民族教育》，2016（12）。

（一）南疆的基础设施极大改善

新中国成立以来，南疆基础设施建设，如铁路、公路和航空等建设不断完善。以铁路为例，1958 年 7 月兰新铁路进入新疆，结束了新疆没有铁路的历史，1963 年通车到乌鲁木齐；南疆铁路东起兰新铁路上的吐鲁番市，从吐鲁番盆地，穿过天山沿着塔克拉玛干沙漠的北边缘，经库尔勒、阿克苏、阿图什，至新疆最西部的喀什（现已延长到和田，喀和铁路2011 年7 月通车），全长 1446.37 千米（吐鲁番—喀什区段）。南疆铁路于 1974 年开始动工，1999 年 12 月全线通车运营[①]。南疆目前已实现了村村通公路，并且建设了多条高速公路，多条高速公路经过塔克拉玛干沙漠的南缘、北缘，以及贯穿沙漠。多个民航和军用机场都已经投入使用。四通八达的交通网络拉近了南疆与外界的距离。

（二）民生建设的成效

据新疆维吾尔自治区发改委透露，自治区坚持援疆资金项目向民生倾斜、向基层倾斜，“十二五”期间，援疆资金的 74% 用于民生建设，95% 则安排使用到县市以下基层。截至 2014 年年底，共组织实施了安居富民、定居兴牧、教育、就业、医疗卫生、公共服务等 2767 个民生项目，建成了一批民生精品工程，使各族群众得到了实惠。提高居民生活水平方面，仅山东省就在喀什投入援疆资金 10.7 亿元，建设安居富民房 10.7 万户，建筑面积近 900 万平方米。另外，实施了 3750 户城镇居民的棚户区改造。提升基本公共服务水平方面，以上海市为例，上海市国内一流的 33 个临床医疗中心每年各派一个团队到喀什服务，重点建设喀什地区第二人民医院七个学科医疗中心。

---

① 热孜燕·瓦卡斯：《援疆对南疆三地州产业发展作用分析》，《新疆师范大学学报》（哲学社会科学版），2014（6）。

（三）教育援助的主要成效

教育是国家对口援助南疆的重点，新一轮对口援疆后，南疆教育基础设施得到极大改善，各类学校引入了大批支教教师。以和田地区为例，北京市、天津市、安徽省三省市对和田的教育援助中，坚持以普及双语教育为重点，以示范学校建设为引领，充分发挥教育在受援地经济社会发展中的基础性作用，相继开展了一系列教育援疆工作。2010～2015 年，北京市安排援建教育项目 94 个，援助资金 16.3 亿元，占总资金的 21 %；天津市累计安排教育援疆项目 82 个，援疆资金 6.74 亿元。安徽省安排教育援疆项目 9 个，资金 2.9315 亿元，占援疆资金总额的 21.6 %。三省市的巨大资金投入使和田地区教育教学出现了前所未有的变化。和田地区中小学教育基础设施得到了进一步完善；和田地区师资队伍结构得到了进一步优化[①]。

（四）产业援助增强南疆自我发展能力

党中央、国务院一系列援助新疆的政策以及针对集中连片特殊贫困地区的政策，特别是新一轮对口援疆以来，对南疆的一系列政策措施为南疆的经济社会发展输入了极大的能量。援疆工作中，始终把产业援疆作为增强新疆自我发展能力和长远竞争力的有效途径，千方百计大力推进。一批强产业、惠民生的重大项目陆续开工和投产，对促进南疆经济发展方式转变、产业结构优化调整、财政增收和百姓就业发挥了积极作用。具体有以下三种方式：一是扶持特色优势产业发展。从受援地发展实际出发，重点扶持受援地设施农业、规模化养殖、手工编织、农产品加工、纺织服装业等劳动密集型产业发展，带动受援地群众致富增收。二是支持园区和开发区建设。把产业园区建设作为承接产业转移的重要平台，各省市与新疆维吾尔自治区签署了冠名

① 张少云、巴拉提·吐逊巴克：《和田地区教育援疆受援成效分析》，《民族教育研究》，2016（5）。

支持产业园区建设合作框架协议，多家国家级开发区和产业聚集园区达成结对关系，积极探索创新园区建设模式，拓宽园区建设融资渠道。广东省在喀什打造的南疆第一个电商平台，完成1.2万平方米创业就业孵化基地建设，进驻品牌电商企业24家，增加当地就业超过5000人。三是围绕经济开发区建设带动产业发展。例如，喀什经济技术开发区兴建的深圳城颇有成效。

第二节　人力资本不足使产业援疆遭遇招工困境

马克思的两种生产理论早就指出，社会生产是物质资料生产和人类自身再生产的统一，并构成社会历史发展的决定因素。两种生产中物质资料生产处于决定性地位，人类自身再生产也反作用于物质资料生产，有时还会表现为强烈的反作用。当前，国家对南疆大力扶持，19个省市对口援疆，虽然扶持力度非常大，资金投入非常多，其中交通等基础设施、安居工程、教育、医疗基础设施等方面成效显著；在南疆的产业发展方面，也建设了一批产业园区，项目、资金、厂房已经万事俱备，劳动后备军数量充足，但人力资本严重不足，当地劳动者不仅知识和技能不足，劳动者也不具备产业工人的职业素质，使得南疆经济发展中最重要的产业发展面临较大困境。

一、人力资本对经济发展影响的基本逻辑

人们普遍认为，国家或地区经济发展滞后主要是因为它们极端缺乏资本，追加资本是它们更迅速取得经济增长的关键，但扶持落后地区经济发展并不是仅仅追加资本就足够。舒尔茨在研究人力资本在落后国家的作用时发现，外来的新资本“缓慢而逐渐地”增加时，这些资本才能被较好地利用。舒尔茨指出，出现这种情况的原因在于资本的类型，需要重视资本的特殊类型方能求得资本投入与增长的协调。舒尔茨进一步指出，扶持落后国家或地区的

投资通常被用于建筑物和设备，有时也会购置存货，但一般不被用来增加人力投资，若人的能力不能与物质资本保持齐头并进，就会变成经济增长的制约因素。所以，仅仅增加某些非人力资源，资本吸收率必然低下，这并不奇怪①。

按索洛生产函数 $Y=Af(K,\ L)$，其中 Y 为产出，A 为全要素生产率的现期技术水平的衡量指标，K 为资本，L 为劳动，从该生产函数中可见，产出的增加不仅是由于资本和劳动的增加，而且还由于全要素生产率的增加②。

而按曼昆、罗默和魏尔（1992）的生产函数，$Y=K^{\alpha}H^{\beta}\ (AL)^{1-\alpha-\beta}$，其中，$Y$ 是总产出，K、H 和 L 分别是物质资本存量、劳动力投入量和人力资本（无形资本）存量，A 表示技术水平。这里的产出的增加由资本增加、劳动增加、人力资本（无形资本）以及技术水平共同贡献，并且，这里的 α、β 均为 1/3。

因此，国家在扶持落后地区时，不仅要有物质资本的投入，而且必须在人力资本上大力投入，也只有这样，才能提高全要素生产率，并增加人力资本对经济增长的贡献率，进而促进经济跨越式发展。

当前，国家对南疆大力扶持，19 个省市对口援疆，虽然扶持力度非常大，资金投入非常多，目前主要改善了南疆的公共交通和基础设施，如安居工程为贫困户解决住房；产业方面兴建了一批产业园区，但能够正常运转的企业还为数不多，因此，还没能解决较大规模的人口就业；学校的校舍等基础设施也都有所改善，但教育水平提高还任重道远；医疗卫生设施和医院的基础设施已超过全国平均水平，但医生缺乏；人口受教育水平较低，且还有很大一部分人口不能使用普通话交流，因此不利于南疆人民与内地人民的交流交往。由于人力资本不足，国家对南疆的扶持政策见效较慢，还未能彻底改变南疆人口与经济不协调发展的现状。

---

① ［美］西奥多·W. 舒尔茨：《改造传统农业》，梁小民译，商务印书馆 1987 年版，第 8 页。

② ［美］格里高利·曼昆：《宏观经济学》，张帆等译，中国人民大学出版社 2010 年版，第 247 页。

二、南疆的产业发展现状

南疆四地州产业发展相当滞后，工业仍然极不发达。对南疆大量的“输血”，还没有转换成“造血”能力，至今南疆的非农产业仍极不发达。

以阿克苏和喀什为例，2000年阿克苏、喀什一二三产业的产值比重分别为46.11:21.65:34.30和54.25:15:00:30.75，至2016年，阿克苏、喀什的一二三产业产值比重分别为29.40:32.00:39.20和34.20:25.20:40.60，其第一产业比重均有所下降，而二三产业的产值比重则有一定上升，但第二产业的产值比重仍然相对较低。从阿克苏和喀什2016年的主要工业品产量来看，如表4-1所示阿克苏的主要工业品分别为纱126148吨，在新疆14个地州中排名第二；饮料酒66820千升，在新疆14个地州中排名第五；塑料制品47174吨、农用化肥434839吨以及水泥300.41万吨。而喀什2016年主要工业品则有纱94077吨、塑料制品45533吨、水泥567.18万吨、农用化肥3500吨。可见，阿克苏和喀什的主要工业品的种类相对较少。

表4-1　2016年南疆四地州的主要工业产品产量

地区	纱（吨）	布（万米）	成品糖（万吨）	饮料酒（千升）	塑料制品（吨）	机制纸及纸板（吨）	粗钢（万吨）	钢材（万吨）	水泥（万吨）	生铁（万吨）	农用化肥（吨）
阿克苏	126148	—	2.99	66820	47174	—	—	11.63	300.41	—	434839
喀什	94077	16	0.03	885	45533	630	—	2.09	567.18	8.6	3500

数据来源：《新疆统计年鉴2017》。

三、产业援疆项目仍在起步阶段

笔者对阿克苏纺织工业城和喀什经济技术开发区的实地调查发现，南疆的产业援疆项目还处在初创阶段，投入了大量人力、物力和财力，初见成效，对劳动力有一定吸纳作用，但相对于南疆大量的农村富余劳动力，目前仅解决了一小部分人的就业，处于起步阶段。

（一）喀什部分产业援疆项目情况

喀什经济技术开发区主题园区占地50平方公里，提出“一城一园一校一区”促进产业就业援疆良性循环，其中产业物流区占地12.89平方公里，城北转化加工区占地13.88平方公里，城东金融贸易区占地13.23平方公里。产业物流区中深圳产业园占地总面积为3.3平方公里，位于机场西北侧；喀什综合保税区占地总面积为3.56平方公里，位于机场北侧。2016年8月，笔者到喀什、阿克苏实地考察产业援助情况。截至当时，喀什经济技术开发区已投入约9.8亿元。深圳产业园东区入驻企业26家，其中服装纺织企业18家，21家企业投产运营，稳定用工人数达7000人，喀什市员工比例约占80%，其他约20%的员工来源于喀什地区其他11个县。深圳产业园西区中亚、南亚工业园入驻企业18家，涉及服装、清真食品加工等产业，已解决就业1000余人。中航产业园落户企业10余家，中联创科、德海航空食品、海尔巴格中央厨房等5个项目投产运营，解决就业500人。齐鲁如意科技纺织产业园，于2015年8月16日刚刚开工建设。以下是喀什深圳产业园几家企业的具体情况：

喀什深圳产业园的新疆美丽奥服装有限公司和深圳市美丽奥服装有限公司喀什分厂隶属于香港美丽奥集团，是招商投资落地在喀什经济技术开发区深圳产业园的第一家深圳服装行业援疆企业。美丽奥国际集团在香港和深圳已经经营二十年，在2015年陆续投资8500万元到喀什经济技术开发区，主要从事设计生产工商、税务、城管、公安、部队等政府执法服及银行、铁路等企业事业单位制服工作服，中小学生校服，各种棉被、家用被、床上用品等救灾物资和国际服装品牌加工。目前新疆美丽奥服装有限公司有车间三层，

1000 多名员工。

喀什深圳产业园的广东思科电子公司，其总部位于广东省潮州市，始建于 1993 年，是一家专业从事各类家电连接器、插头、手机充电器、充电电源、机顶盒等电子科技产业研发设计、制造、销售和服务的集团型民营企业。2014 年 3 月公司落户喀什，两年时间解决就业人数近 5000 人，其中深圳产业园 350 人，疏附县 2500 人，伽师县 2000 人，莎车县 1000 人。

（二）阿克苏部分产业援疆项目情况

阿克苏地区是中国最主要的商品棉生产基地，年产棉近 100 万吨，占全疆的 1/3，全国的 1/9，长绒棉占全国的 9/10。2013 年阿克苏地区只有 14% 的棉花制成了棉纱，棉花资源优势并没有充分转化为产业经济优势。为大力发展纺织服装产业带动百万人就业工程，新疆维吾尔自治区党委、人民政府确定把阿克苏、库尔勒、石河子打造成三个纺织工业基地。

阿克苏浙江产业园（南园）设在阿克苏纺织工业城，面积 10.4 平方公里，由核心区、现代物流区、基础配套区和企业纺织区四个部分组成。核心区面积 3.2 平方公里，由浙江省援疆指挥部投入 1.5 亿元用于园区基础设施和标准化厂房建设。其中 1 亿元投资道路建设项目，5000 万元建设 1 幢科技研发楼和三幢标准厂房。现代物流区规划面积 5640 亩，总投资 21 亿元，全部建成后，通过企业强强联合，将把园区打造成现代物流产业化、市场交易信息化、物流企业规模化的现代物流园区，并将成为南疆地区最具影响力的公铁联运大宗产品集散中心和释放型物流产业基地。基础配套区内浙江省能源集团有限公司投资 33 亿元建设 2 台 35 万千瓦超临界热电联产机组，高达 700 吨/时供汽能力和 400 万平方米供暖能力。企业纺织区至 2015 年年底已引进华孚集团、巨鹰集团、雅戈尔等 16 家浙江纺织服装企业，总投资 91.78 亿元，规模 185 万锭；至 2015 年已到位资金 22.47 亿元，形成年产棉纱83万锭，坯布1000万米，服装100万件套，产值6.34亿元。2015年8月调查组到阿克苏的纺织工业城进行了实地考察，当时其纺织工业城已初见成效，入驻了一批纺织、服装以及针织企业，开始纺纱。2015年，浙江华孚已经入住产业园，并已经开始投产纺织项目，而今在人民网又见其色纺及染色工业园成功开园，万分欣慰。以下是人民网新疆频道最近对浙江华孚集团的报道：

阿克苏的浙江华孚集团是一个以南疆优势棉产业为依托的成功项目。据人民网报道的最新资料显示，2006年，华孚落户阿克苏，开始产业援疆促进就业的援助工作。在“一带一路”倡议的引领下，华孚通过产业援疆、就业援疆协同发展，构建了从棉花种植、加工、交易到色纺纱生产的高附加值供应链体系，实现了从棉花产业链从种植加工到染色、色纺小商品中心，即实现了从“田头到铺头”的产业服务体系。迄今为止，华孚在新疆累计投资50亿元，年纳税1.6亿元，解决员工就业14700人，全疆安置少数民族员工就业已达6000人以上。目前，华孚在新疆共有棉田8万亩；轧花厂30多个，年棉花加工能力20余万吨；染厂4个，产能4万吨；纺厂13个，110万纱锭，产能18万吨；棉花交易市场年交易量50万吨/年；控股阿克苏棉麻站和铁路专营线，物流吞吐量50万吨/年。2018年8月25日，新疆阿克苏华孚100万锭色纺工业园暨10万吨染色工业园隆重开园①。

四、产业援疆遭遇招工困境

如前所述，南疆人口受教育水平相对较低，受高等教育人口比例则更低。

① 《华孚100万锭色纺工业园落户新疆阿克苏》，人民网—新疆频道，2018-08-29，http://xj.people.com.cn/n2/2018/0829/c186332-31991377.html.

在南疆的产业扶持中建设了大量园区，急需具备一定受教育水平以及一定职业素质的产业工人，而经过层层选拔，各企业招来的工人则与预想相去甚远，面临多种招工困境。

（一）产业工人素质低

笔者2017年8月在喀什深圳产业园调查发现，这里的工人大多对工作热情不高，赚钱的动力不足，特别在工人刚刚入职的时候表现尤其明显。据园区管理人员介绍，这里的员工大都第一次外出到工厂工作，挣钱的动力不足，在外打工并不能给他们带来满足感，在家里的悠闲自在会给他们更大的幸福感。由于较低的受教育程度，缺乏产业工人的工作经验，员工在工作中不守时、偷懒和不负责任的情况时有发生，给产业发展带来难题，员工们从农民向产业工人转变的思想观念亟待提高。

（二）严重的员工流失问题

笔者在喀什深圳产业园调研发现，深圳产业园主要通过地区就业局招工。一般招工需求会落实到乡镇，招到的人员先要到街道进行基本培训，再由人社局推送员工到园区，到园区之后也会有老师进行培训。培训期间园区员工的补助为700元，伙食费约为300元。正式员工的平均月工资约为1200元，最高月工资为2200元，企业包吃包住（约500元）。员工在园区内基本上没有其他的花费，企业承担员工的吃住问题，娱乐设施为政府承担。这种情况下，当年园区员工流失率达50%，而在园区刚建立时流失率高达80%，现在每逢棉花采摘季节员工流失率也很高。这是因为一般农民家庭一年的纯收入不超过5000元，其中摘棉花是重要的收入来源，摘棉花每人每天可收入200元，一个月时间可以赚5000～6000元钱，对员工有一定的吸引力。而这里的企业还处在初建期，工资水平还相对较低，从而造成对员工的拉力不足，而员工又没有建立起对企业生产的责任感，因此企业员工流失情况时有发生。

（三）女员工的婚育及流失问题

女员工受家庭影响一般不会长期在外边工作。目前喀什深圳产业园有一批服装加工和纺织企业，雇用了大量适龄女青年。但这些女工一般到了结婚年龄，家人就会催促她们回家结婚生子，因此，女员工在企业的工作时间较短，企业培养出一批熟练工人非常不易，而她们却会因为家庭原因而离职。虽然这种情况目前有些改善，但仍然非常普遍，给企业的长期稳定发展带来困难。

总之，由于适合南疆各种基础条件的产业，特别是劳动密集型产业还没有大规模建立起来，因此对就业的需求虽然有所增加，但是相对于需求就业的人口来说增加的比例还是非常小的，而这部分就业人员不仅受教育水平相对较低，而且不具备产业工人的职业素质，因此，南疆的产业援助遭遇招工困境，对其发展壮大极为不利。

第三节　仅靠国家援助难以激发南疆经济发展的内生动力

一、经济发展的先决条件是“理性化”思想的建立

所谓经济发展，正如中国社会科学院学部委员金碚所说：“近代世界经济发展的主题是工业化，以及由工业化带动的城市化。工业化是迄今为止人类文明进程中最辉煌的阶段。工业化以无可比拟的强大力量创造了大量的物质财富。世界历史表明，绝大多数国家或地区都必须通过工业化才能实现经济和社会的现代化。”[①] 马克思早在《资本论》中指出工业化对落后国家和地区的重要性。可以说，今天所有在经济上处于欠发达的国家和地区都共同致

① 金碚：《全球竞争格局变化与中国产业发展》，经济管理出版社2013年版，第1～2页。

力于工业化的目标，把它作为根本改变国家和地区面貌以及国际地位的战略性措施。可见，工业化对落后国家和地区的重要意义。

而工业化不仅是经济增长，它还是一种心理态度、价值观和生活方式的改变。马克斯·维贝尔指出，在欧洲资本主义兴起与发展时，“归根结底，产生资本主义的因素乃是合理的常设企业、合理的核算、合理的工艺和合理的法律，但也并非仅此而已。合理的精神，一般生活的合理化以及合理的经济道德都是必要的辅助因素”①。塔尔科特·帕森斯在维贝尔的影响下进一步指出，“无论是什么样的影响导致了人们对于行动合理性问题的关注，毫无疑问，有一种重要影响塑造了那些这一问题在社会思想中所要倚仗的那些名词术语，这就是近代科学”②。

这种“理性化”思想的建立，不仅催生了工业化，同时使得人们的生育观念发生历史性的转变。20 世纪 70 年代，科尔（Ansley J. Coale）在研究人口转变的原因时指出，文化因素使得欧洲不同地区的人口转变有所不同。科尔进一步指出，这些经历了生育率下降的地区的一个共同特点是快速传播的世俗化（Secularization）。世俗化是一种从传统观念和宗教教义摆脱出来得到自主的态度和一种对自身幸福的责任感。虽然难以确切知道为什么会产生这种态度，但工业化和经济发展几乎总是由世俗化相伴随这一点是肯定的。

由于历史的、地理的、经济的、社会的、制度的以及传统思想文化等复杂原因的影响，南疆人口的“理性化”和“世俗化”思想仍没有建立起来。

二、在国家援助政策下南疆放低了对人口素质的要求

目前，国家给予南疆大量的援助政策，其教育、就业、产业方面均较大受益。但各方面的优惠措施在增加投入的同时往往放低了对人口素质的要求。

---

① ［德］马克斯·维贝尔：《世界经济通史》，姚曾广译，上海译文出版社 1981 年版，第 301 页。

② ［美］塔尔科特·帕森斯：《社会行动的结构》，张明德等译，译林出版社 2012 年版，第 63 页。

在教育方面，每年都有内初班、内高班以较低的分数在南疆招生，内地高校也对南疆学生降分录取，使得南疆的学生以较低的基础踏入较高的教育门槛，这些学生中虽然也有一部分成才了，但是，更多的同学出现水土不服的情况，虽然拿到了文凭，但是含金量则要打折扣。

在就业方面，发展产业的目标之一就是促进就业，企业常常会放低标准招收当地职工，而这些职工多没有在企业上班的经验，不能很快适应企业发展要求，不能快速具备现代企业所需要的劳动者素质。

在产业发展方面，并不是先有市场需求，而是基于对口省市的产业发展特点并结合南疆当地基础来发展，虽然有一定合理性，但由于可雇用的仅仅是职业素质相对较低的工人，再加上各种先天不足，产业发展非常不顺利。

由于国家援助政策下对学生素质、职工素质、企业条件的放宽，因此，虽然采取了大量的扶持政策，但却难以快速激发南疆发展的内在动力。

三、在国家援助政策下南疆自身“造血”能力仍较弱

自新中国成立以来国家对新疆采取了一系列优惠政策措施，2010 年以来加大力度采取了 19 个省市对口援疆政策，但是，由于各种复杂原因，南疆工业化和现代化发展所需要的人口的“理性化”、“世俗化”观念还没有建立起来，人口受教育水平还较低，学生升学门槛低，企业招工要求低，使得南疆的一系列政策措施难于较快见效，对口援助中虽然也有一些亮点，但仍难以激发南疆自身的“造血”能力。至今，在南疆形成的成功发展的企业仍然较少，所能吸纳的就业人口也较少，南疆城镇化水平只有较低的 30% 左右，而南疆农村几百万的人口有较大就业需求，因此，南疆自身的“造血”能力显得尤为薄弱。必须大力促进南疆自身人力资本能力的提升，才有可能利用好外来援助激发南疆自身经济社会可持续发展。

第五章　各级各类教育不足对南疆人力资本形成制约

舒尔茨指出："改进穷人的福利之关键因素不是空间、能源和耕地，而是提高人口质量，提高知识水平。"① 马歇尔也曾指出："知识是最有力的生产动力，它使我们得以征服自然并满足自己的需要。"② 20 世纪 60 年代，舒尔茨通过对美国 1929～1957 年的教育发展与经济增长关系的定量分析，得到各级各类教育投资的平均收益为 17.30%，教育投资引起的收益增长在劳动收入增长中占 70% 的比重。从而明确了教育投资是一种经济资本，是生产中除劳动力、资本之外的另一种生产要素。贝克尔测算了美国大学教育对收入的贡献率是高中教育的 1.3 倍。之后，"内生增长理论"进一步指出"人力资本"要素在国民收入增长额中占 33% 的贡献率。而今，人力资本理论对于人口增长较快、教育水平较低、经济发展滞后的南疆贫困地区更是具有重要意义，南疆各级各类教育不足严重制约南疆人力资本形成，对其经济跨越式发展极为不利。

---

① ［美］西奥多·W. 舒尔茨：《论人力资本投资》，吴珠华等译，北京经济学院出版社 1990 年版，第 40 页。

② ［美］西奥多·W. 舒尔茨：《论人力资本投资》，吴珠华等译，北京经济学院出版社 1990 年版，第 53 页。

第一节　双语教育的瓶颈制约南疆义务教育质量提高

由以上分析可知，南疆已基本普及了九年制义务教育，并已经开始自幼儿园到高中的免费15年教育。目前，南疆九年制义务教育以及高中教育的基础设施已经非常完备，但是教学质量提高中还面临许多问题，对南疆人力资本形成极为不利。本节主要依据笔者2016年11月对和田墨玉县、喀什麦盖提县的县级以及乡级普通中小学的实地考察资料，分析南疆中小学教育中存在的问题。

一、南疆中小学教育基础设施完备教育质量亟待提高

南疆中小学教育基础设施基本完备，以下是麦盖提县某乡双语小学的基本情况，虽然这所学校仅为乡级学校，但其教育硬件设施已非常完备，南疆其他的中小学虽然有的硬件设施没有这个学校好，但是总体上来看，南疆中小学的硬件条件已经非常好。

麦盖提县某乡双语小学是全日制小学高段寄宿办学封闭式寄宿制学校，学生来源该乡24个村，现有教学班27个，在校学生1104人。目前，学校总面积51972平方米，生均用地面积47.1平方米；现有建筑面积为17661.5平方米，生均建筑面积16平方米；绿化面积为26800平方米，生均面积24.3平方米；硬化率100%。该校有音乐教室、舞蹈室、科学器材室、计算机室、多媒体教室、广播室、图书阅览室等功能室及美术、体育、综合实践活动器材室。其中图书室藏书24646册，生均图书22.3册；计算机室有计算机141台，达到7.8人/台。学校有2间多媒体室，全部教室配备了现代班班通教学设备及触摸一体机设备。该校为县级标准化达标学校，地区级德育工作示范

校，依法治校示范校。

令人担忧的是南疆中小学的教学质量。在调查中发现，麦盖提某县级中学初中教育水平非常令人担忧，外观看，该学校的硬件设施非常好，但是，其校园中的教学质量分析板报显示，该校某部七年级8个教学班2016年上半年期末数学平均成绩分别为20.7分、26.7分、32.6分、78.3分、79.6分、39.9分、28.7分、28.8分，八个班数学总评成绩仅为41.9分；这8个班的同期语文平均成绩分别为37.0分、32.0分、34.0分、57.0分、59.0分、35.0分、39.0分、32.7分，8个班语文总评成绩仅为40.7分。可见，虽然南疆人口中适龄人口大多已完成义务教育，但该地的教育水平则是非常令人忧虑，实际教育水平要大打折扣。

二、南疆双语教学普及中面临教师短缺的问题

笔者实地考察中发现，南疆县级、乡级中学的校舍等硬件设施已经得到很大改善，相比之下，学校教学的软件则相对薄弱。虽然从生师比来看，南疆各地区生师比已经接近或好于新疆平均水平，但是，由于其中一些教师不能直接转成双语教师，因此，其中隐含着双语教师的严重缺乏问题，特别是双语理科教师非常短缺。如表5-1所示，2016年，南疆四地州普通高等学校生师比为14，低于新疆的平均水平（16）；中等职业学校生师比为30，高于新疆的平均水平（24）；普通中学生师比为12，高于新疆平均水平（11）；小学生师比17，高于新疆的平均水平（15）。具体来看，普通高等学校的生师比中，阿克苏地区最低为10，和田地区最高为16；中等职业学校生师比中克州最低为8，和田地区最高为42；普通中学生师比中，克州最低为8，喀什最高为13，都与自治区平均水平相差不大；小学生师比中，克州最低为9，而和田最高为20。总体上，南疆四地州生师比高于新疆维吾尔自治区平均水

平，特别是中等职业学校的教师最为缺乏，这其中还隐含着双语教师的严重短缺。

表 5－1　　　　2016 年南疆四地州生师比

地区	普通高等学校	中等职业学校	普通中学	#高中	小学
新　疆	16	24	11	13	15
南疆四地州	14	30	12	14	17
阿克苏	10	37	13	15	17
克　州	—	8	8	9	9
喀　什	15	27	13	16	18
和　田	16	42	11	13	20

数据来源：《新疆统计年鉴 2017》。

调研中发现，南疆中小学教师缺乏，乡级中小学兼课现象普遍，有的小学一个教师兼任三门课程，有的初中教师兼任两门课，特别是中小学实行双语教学的理科课程，教师普遍缺乏，兼课现象极为常见。以下是调研中南疆部分中小学教师反映的所在学校教师短缺的情况：

附录 4 教师访谈 F4－28：新疆普及双语教学以来，总体来看，全疆教师总量上超编，而汉语老师的缺口较大，该校书记亲自带队招老师，但是该校教师待遇跟不上，招聘教师有一定困难。

附录 4 教师访谈 F4－1：教师缺编严重，因此一个教师上多个科目的情况较常见。某教师反映，有的老师人带三门课，比如有教师一人带维文课、音乐课和品德课。

附录 4 教师访谈 F4－14：由于教师缺乏，因此也有专业不对口的情况，如之前是学音乐的老师现在教汉语。

附录 4 教师访谈 F4－2：某自然老师，本来是学中文的，到校后教自然，自然包括物理和化学的一些基础知识，所以备课非常困难，特别是还要用少数民族语言来教，讲话就更困难了，老师本身对课本的知识可能都还没有掌握得非常好还要把学生教好，这样就更困难了。

附录4教师访谈F4-11：理科教师很缺乏，该校急缺双语物理老师。

三、南疆双语教育普及中农村学生家长对子女教育不够重视

学生教育的成功有赖于学生、家长、教师和学校四方的共同努力。而在南疆的双语教育普及中，虽然学校和老师倾注了大量的心血，但是学生和家长的积极性不高，也使得双语教育进展差强人意。举例如下：

附录4教师访谈F4-3：南疆农村家长对学生的学习一般是不闻不问比较多，做生意的要好一些，他们知道学习是有用的，特别是学汉语有用，最近也有一些家长把自己的孩子送到学习班去学习，乡里孩子送到县里面去学。

附录4教师访谈F4-18：学生中有10%左右学习很差，他们不想学习，很多科目都不及格，但学校没有重修或者留级这一说，学生也就没有压力，家长也不重视，学生的积极性不高，而由于地区的教学实施绩效管理，老师的教学压力特别大。

附录4教师访谈F4-23：由于内高班，以及乌鲁木齐、喀什市的学校拉网式招生，好学生大都流失了，剩下的学生素质相对较差，有的班中考成绩非常低，因此，教师教学压力很大，没有家长的大力支持，教育水平的提高要面临更多困难。

四、南疆双语教育质量难于提高不利于后续教育和人口流动

对南疆墨玉县和麦盖提县中小学教育情况的实地考察和对教师的访谈，

使笔者切身感受到南疆双语教育水平难于提高的原因。一方面是南疆教师特别是双语教师的短缺，另一方面是学生家长对孩子的学习重视不够。南疆较低的双语教育水平不仅不利于其经济社会发展，不利于人口流动，而女性受教育水平较低，将直接影响人口生育水平。更为直接的影响是，南疆的双语教育质量不高就难以为后续教育提供优质生源，也就直接影响高中和大学教育质量。南疆的双语教育成效还将影响南疆人口的流动，马戎（2007）的研究表明，新疆跨省劳务输出的主要障碍之一就是民族教育体系下毕业的学生汉语能力较差。要改变维族聚居区外出就业困难的一个重要途径就是加强当地中小学的汉语教育①。

第二节　高等教育严重缺乏不利于南疆人力资本形成

贝克尔在研究大学教育的回报率时指出，人力资本投资对收入和生产力均有较大影响。而南疆的高等教育严重缺乏，高等学校数量少、专业设置不完善，对人力资本形成极为不利，不仅不利于居民收入水平的提高，也不利于地区产业升级。

一、南疆高等学校数量少、专业设置不完善

南疆要实现跨越式发展，其人口受教育水平的提高是重中之重，特别是高等教育规模的扩大势在必行。目前来看，与各地州人口占新疆维吾尔自治区的人口比重来比较，南疆的高等学校数量少、专业设置不完善。目前南疆的高等教育包括普通高等教育和成人高等教育两类。南疆四地州目前有普通高等学校 4 所，即喀什大学、阿克苏职业技术学院、和田师范专科学校以及

① 马戎：《南疆维吾尔族农民工走向沿海城市——新疆喀什地区疏附县劳务输出调查》，《中国人口科学》，2007（5）。

新疆维吾尔医学专科学校；还有成人高等学校 3 所，即阿克苏教育学院、喀什教育学院以及和田地区教育学院。

从普通高等学校来看，如表 5 –2 所示，和田有两所高等学校，而阿克苏、喀什分别只有 1 所高等学校，克州没有高等学校。阿克苏、喀什、和田高等学校占自治区高等学校的比重分别仅为 2.44%、2.44% 和 4.88%，而其人口比重则分别占自治区的 10.89%、19.61%、10.64%；从在校生人数来看，2016 年，阿克苏、喀什、和田的在校生人数分别为 4473 人、12233 人、8293 人，分别占自治区普通高等学校总在校生人数的 1.40%、3.82%、2.59%，远低于各地区人口占自治区人口比重。南疆四地州人口占新疆维吾尔自治区人口 43.76%，而普通高校在校生人数仅占新疆维吾尔自治区当年在校生人数的 7.82%，远低于其人口比重。

表 5 –2　　2016 年南疆四地州高等学校数量及招生人数　　单位：所，人，%

地区	普通高等学校		在校生人数		各地区人口占自治区人口比重
	数量	比重	数量	比重	
新　疆	41		319875		
南疆四地州	4	9.76	24999	7.82	43.76
阿克苏	1	2.44	4473	1.40	10.89
克　州					2.62
喀　什	1	2.44	12233	3.82	19.61
和　田	2	4.88	8293	2.59	10.64

数据来源：《新疆统计年鉴 2017》。

具体来看，南疆四地州这 4 所普通高等学校，喀什大学是 2015 年由之前的喀什师范学院升级而成的本科学校，而其他三所均为专科学校。以下是从各学校的官网及公开发布的信息得知的各学校的专业设置和师资情况：

喀什大学专业设置相对比较全面。喀什大学现有教职工 1098 人，其中专任教师 660 人。学校现有 15 个教学单位，53 个本科专业（含 3 个专业方向）：其中，师范类专业23个，非师范类专业30个，涵盖理学、工学、文学、教育学、艺术学、法学、经济学、管理学、历史学九个学科门类。有3个一级学科硕士学位授权点，2个二级学科硕士学位授权点，3个硕士专业学位授权点。

阿克苏职业技术学院于2002年由原阿克苏地区农业学校、卫生学校、农业机械学校、财贸学校、文化艺术学校、体育运动学校6所中专学校合并组建而成，是目前南疆四地州（阿克苏、喀什、和田、克州）唯一一所自治区示范综合性高等职业院校。学院现有教职员工575人，专任教师445人。学院设有10系1部，开设有涵盖农林牧、制造、资源开发与测绘、医药卫生、财经、土建、文化教育、电子信息、轻纺食品、旅游、环保气象与安全、体育、艺术等12大类的39个高职专业和32个中职专业。

和田师范专科学校是一所新疆维吾尔自治区直属的全日制师范类普通高校。学校已有近80年的办学历史，目前在职教职员工378人，专任教师320人，现有专业涉及文学、理学、艺术学、教育学、历史学等8个学科门类。

和田新疆维吾尔医学专科学校于1984年9月经自治区人民政府批准成立，1987年开始招生，学校现有教职工267人，专任教师169人。学校下设4个系部，设有护理学、医学检验技术、康复治疗技术、助产、医学影像技术等7个专业。

可见，这四所普通高等学校虽然个别来看还是有不小的教职工人员规模和招生规模，但是，若从服务南疆四地州1000万的人口来看，学校数量、招生数量却相对较少，专业设置也不完善。

二、南疆高等学校生源层次低教师流失严重

如前所述，当前，南疆自身的高等教育资源非常少。由于历史的、现实的以及主客观的因素的影响，南疆地区的高等教育呈现发展基础差、结构不

合理、教育层次偏低等一系列问题。南疆不仅高等教育资源少，而且所能招收的学生层次低、教师流失严重。学校招收的学生主要都是南疆本身较低水平的初中、高中教育输送来的学生，他们的高考分数一般很低。而且本身就处于低师资水平状态下的南疆教师流失量也较大，很多教师通过考研考博等升学方式离开了这些院校，人才流失是这些院校发展缓慢的原因之一①。此外，南疆高等学校的学科专业单一，无法满足南疆地区对于新型人才的需求，新兴的交叉类学科专业急需进一步发展。

三、南疆高等教育不足不利于收入提高和产业升级

贝克尔在研究大学教育的回报率时，曾经以美国大学生为例，采用了一种独特的方法分析不同大学教育和高中教育的回报率的差异，他对一个家庭的不同教育层次的兄弟姐妹的收入进行比较，以消除天赋方面的能力差异。贝克尔分析了 19 世纪 30 年代后期，平均受过 15.5 年正规学校教育的人与其平均只受过 10.08 年学校教育的兄弟之间的收入差异。贝克尔指出，按照 1939 年的价格水平，只受过高中教育的兄弟在 30 ~ 34 岁之间所获得的回报是大学毕业生每一学年回报的 67%②。显然，这种因教育所引起的个人收入的差异是非常大的。

产业结构的调整需要科技创新，而科技创新需要相关产业的人才集聚。从 20 世纪初到如今高等教育的发展正是通过服务区域产业，供给产业人才，建设科技创新力量，最终达到产业升级的现实目标。以美国威斯康星大学为代表，将地方大学与服务社会紧密地联系在一起，通过培养农业、机械类人才带动该州农业产业发展，开始了该地区的农业机械化进程。德国现代大学

① 鲁龙华、蔡文伯：《基于人力资本视角的新疆南疆地区高等教育发展反思》，《教育与教学研究》，2012（1）。

② ［美］加里·S. 贝克尔：《人力资本》，陈耿宣等译，机械工业出版社 2016 年版，第 140 ~ 156 页。

和职业技术学院正是着力在基础研究领域和培养大批技术人才方面完成了以重工业为主的工业化，产生了大量的工作岗位，由发达的工业化带动城市化。科学家和工程师在理论技术上实现突破并应用到生产实践中，将科研成果迅速产业化，从而引发产业革命①。

在研究发展中国家的增长与发展问题时，费景汉和拉尼斯指出，在转型期间，经济从以农业为主转向以非农业为主的体系，同时由于科技的不断进步，资本密集度和人均收入不断提高，劳动力从农业不断向工业重新配置②。可见科技进步在经济转型期的重要作用。技术进步对经济发展的促进作用表现在很多方面，但尤以推动产业结构的变革最为直接、最为突出。

目前，南疆自身的高等教育严重不足，如上所述南疆普通高等学校仅有4所，而成人高等教育学校也仅有3所。依靠北疆及内地的大学为其培养人才提供资源，虽然能解决南疆对高等教育的部分需求，但是，南疆若要实现产业升级和收入提高，就必须进一步提高其高等教育水平，必须依靠国家和自治区投入在区内增加高等学校数量。南疆的高等教育水平提高了，才有人力资本支撑技术进步和产业结构调整，也才能实现收入水平的提高。

第三节　职业教育不足不利于南疆产业工人素质养成

一、工业化的职业素质养成需要职业教育

马歇尔指出："在一向是工业所在地的区域，负责任的习惯以及在处理高价机械和原料上的谨慎和敏捷的习惯，已成为大家的共同特性了。因此，

---

① 韩篙、张宝歌：《高等教育资源稀缺地区产业升级的挑战与机遇》，《中国成人教育》，2018（18）。

② ［美］费景汉、古斯塔夫·拉尼斯：《增长和发展——演进的观点》，洪银兴等译，商务印书馆2014年版，第7页。

在管理机械的工作中，许多都被说成是完全机械和不需要特殊技能的以及不值得重视的一类才能。但事实上，在现实世界中，具有这种工作所需要的智力和道德才能、智慧和自制力的人，恐怕不到十分之一；经过两代人切切实实的训练之后而能胜任这种工作的人，恐怕不到一半。”① 可见，工业化所需要的劳动者的一些素质，需要较长时间才能养成。韦伯在研究资本主义精神时曾经引用富兰克林的名言：

“牢记，时间就是金钱。……

牢记，信誉就是金钱。……

牢记，金钱有增殖和衍生的性质。……

牢记这一名言：精明的掌钱人是他人钱包的主宰者。……

不论多么微不足道的行为，只要它影响了信誉都应引起注意。

注意不要把你所掌控的都视为你所拥有的，生活要量入为出。……

只要你被认为是一个谨慎而诚实的人，虽然你一年只能赚六英镑，但你却可以使用一百英镑。

一个人如果白白浪费了可以值五先令的时间，其实就是损失了五先令的金钱，就好像故意把五先令扔进大海一样。

一个人如果损失了五先令，那么损失的就不仅仅是这个金额，更是要包括这五先令可能周转得来的所有收益，而当一个年轻人变老的时候，这些钱就会积攒成为一大笔钱。”②

韦伯对此这样评价：“富兰克林这些话所宣讲的不单纯是告诉人们安身立命之法，而是一种独特的伦理。对于违反这一伦理规则的人来说，他们不

---

① ［英］阿弗里德·马歇尔：《经济学原理》（上），廉运杰译，华夏出版社2013年版，第196页。

② ［德］马克斯·韦伯：《新教伦理与资本主义精神》，马奇炎等译，北京大学出版社2012年版，第43～45页。

会被当作是愚蠢的人，而是会被当作玩忽职守的人来对待。这才是事情的本质。”[①] 这种所谓的“资本主义精神”，换句话说，工业化的伦理，也即工业化中的“劳动者职业素质”也正是南疆在摆脱贫困、推进产业发展的过程中非常缺乏的。劳动者职业素质的缺乏，对南疆的产业发展带来较大阻力，一些在南疆建厂的企业负责人就特别指出这一点。一些当地工人开始不适应较长时间的工作，人员流失非常严重，而工业化生产可能需要每天24小时都要开动机器设备。因此，南疆劳动者素质养成是南疆产业发展所必需的，南疆没有较高素质的劳动者，也就没有南疆工业化水平的提高。南疆的产业发展和工业化急需职业培训提高劳动者的职业素质。

二、南疆职业教育学校数量、师资和生源均存在问题

南疆也非常缺乏职业学校。如上所述，目前南疆四地州仅阿克苏职业技术学院1所高等职业学院，如表5－3所示，南疆四地州中等职业学校共有56所，其中，阿克苏、克州、喀什、和田分别有8所、5所、27所、12所，占新疆中等职业学校167所的比例分别为4.79%、2.99%、16.17%、7.19%，依然低于各地区人口占自治区人口比重。

表5－3　2016年南疆四地州各级各类学校数量　单位：所，%

地区	中等职业学校		中等师范学校		各地区人口占自治区人口比重
	数量	比重	数量	比重	
新　疆	167		9		
南疆四地州	56	33.53	2	22.22	43.76
阿克苏	8	4.79			10.89
克　州	5	2.99			2.62
喀　什	27	16.17	1	11.11	19.61
和　田	12	7.19	1	11.11	10.64

数据来源：《新疆统计年鉴2017》。

① ［德］马克斯·韦伯：《新教伦理与资本主义精神》，北京大学出版社2012年版，第46页。

2016年11月笔者在和田墨玉县职业学校调查发现，该校是2015年新建的职业技术学校，目前有3900名学生，100多个教师。学校目前开设装修、机械、建筑、中餐、甜点、地毯、刺绣、美容美发、计算机、电商、服装加工等专业。学校高级教师非常缺乏，仍未解决教师短缺问题，该校双语教师的缺乏比一般当地中小学更为严重。为解决教师短缺问题，学校从当地中小学借调了47个教师，同时，该校的生源质量也非常差，那些没有顺利升入高中的中学生都进入到这所职业学校，学校管理和教师教学的压力都特别大。

三、南疆劳动者职业素质较低不利于工业化水平提高

南疆九年制义务教育的普及是最近20年才开始的，作为劳动力，其中还有很大一部分没有获得基本的义务教育。然而，基本的义务教育的获得对于非农产业的发展是非常重要的。正如马歇尔所说："这种教育能够刺激工人的智力活动，并使他们养成善于研究的习惯，使他们在日常工作中更聪明、更敏捷、更可靠，能提高他们工作时间内和工作时间外的生活品质。因此，这种教育是生产物质财富的一种手段。"[①] 虽然这种教育的普及非常重要，但是还有一大批人目前的教育水平达不到这一标准。所谓十年树木，百年树人，虽然略有夸张，但基本的职业教育的普及确实是必需的。

此外，由于南疆的工业化水平还不高，作为工业化中产业工人所必需的职业素质是南疆的一般劳动者非常缺乏的，而南疆劳动者职业素质较低则不利于提高其工业化水平。

---

① ［英］阿弗里德·马歇尔：《经济学原理》（上），华夏出版社2013年版，第201页。

第六章　传统文化思想对南疆人力资本形成制约

南疆悠久的传统文化有其独具特色的一面，但是其文化中的某些方面对人口发展、经济发展以及社会进步却是不利的。南疆的贫困文化就不利于其市场经济观念的形成，受宗教思想影响的南疆传统生育文化则使得南疆农村人口倾向于多生超生。

第一节　南疆的贫困文化不利于其人力资本形成

一、贫困文化

文化是人类长期在劳动生产中创造形成的一种产物。确切地说，文化是能够被传承的，如传统习俗、生活方式、行为规范、思维方式、价值观念等。它是人类相互之间进行交流普遍认可的一种能够传承的意识形态。

贫困文化最早由美国人类学家奥斯卡·刘易斯（Oscar Lewis）提出，这一理论从社会文化角度剖析贫困问题。1951 年，奥斯卡·刘易斯在《桑切斯的孩子们》一书中提出了“贫穷文化”这一概念，他指出贫穷家庭在价值观念、消费模式、家庭结构和人际关系等方面具有共性。奥斯卡·刘易斯的研究认为，穷人群体在生活中逐渐形成了特有的“穷人文化”即“贫困文化”。

这种文化通过“圈内人”的互相影响继而得到强化，并且被习惯化，进而被下一代所继承着[①]。贫困不仅是一个经济问题，也是一种社会综合现象。低劣的经济条件只是一种外显性贫困，这种贫困同时还有一种隐性的自我维持的文化体系。贫困文化影响着圈内人的思想和观念，使得他们即便有机会脱贫也因为内在动力不足而难于把握住机会，是消极的文化。贫困文化作为一种文化类型，是生活在这一氛围中的群体成员彼此认同并且已内化于心的一种文化形态，并且这种贫困文化在人类历史发展进程中曾起到过积极作用。

二、南疆贫困文化的消极影响

南疆农村的贫困文化是在其恶劣的自然条件以及相对落后的社会经济生产方式下逐渐形成的。对于南疆贫困地区的农民来说，土地是唯一能让其珍视的祖辈留下的资产，是他们生存的物质保障。他们认为，没有别的都可以，决不能没有土地，南疆农民中流传着“土地是农民的命根子”、“土地里能刨出金子”的说法。土地不但解决了他们的温饱问题，而且还承载着希望、生计等多种情感，这种祖辈口耳相传留下来的思想，使得农民对土地产生一种天然的依赖，逐渐形成了老守田园、安于现状的乡土观。

南疆落后的贫困文化不利于人们市场观念的形成，不利于其满足市场经济先决条件的“经济人”假设。南疆农村人口虽然面临贫困，但是却不愿打破现状，因此，虽然国家为了南疆贫困地区人民生活水平提高实施了一系列政策措施，但效果欠佳，根源之一就是贫困人口习惯了贫困，而没有建立起通过自己的辛勤劳作、依靠市场提供的契机、通过不断学习提高个人技能进而改善生活的内在需求。

南疆人民改善自己贫困现状的动机不足，也就很难形成依靠市场、依靠

① 牛琴琴、徐莉：《突破贫困文化对教育的束缚——兼论贫困女性及其受教育状况》，《当代教育论坛》，2018（2）。

交换、借助工业化提高自身生活水平的愿望。再加上南疆相对封闭的自然条件，使得南疆人民很难受外界影响而改变其思想观念，这种消极的贫困文化对南疆人力资本形成极为不利。

第二节　南疆的传统生育文化不利于人力资本形成

20 世纪 60 年代，科尔团队在研究“欧洲经济史项目”时发现了不同文化背景与生育率的差异。贝克尔研究人力资本和家庭的关系时发现：“美国的族群差异十分有趣。小家庭的群体通常在每个孩子的教育和培训上开支较多，而大家庭的群体在这方面的开支更少。日本人、中国人、犹太人和古巴人都是小家庭的，并且孩子们受到良好的教育，而墨西哥人、波多黎各人和黑人都是大家庭的，并且孩子的教育不佳。”毋庸置疑，不同文化背景的人口在某种条件下对生育的认识也是有一定差异的。而南疆的传统文化使得南疆农村家庭倾向于重视孩子的数量而不是质量，因此，这不利于人力资本形成。

一、文化因素对生育率的影响

1909 年，法国人口学家兰德里（A. Landry）最早发现西欧国家经济发展中的人口转变现象，并指出经济发展是人口转变的原因。1945 年，诺特斯坦（F. Notestain）提出人口转变理论，也指出工业化、城市化和现代化是人口转变的原因。但是，20 世纪 60 年代，科尔（Ansley J. Coale）牵头的普林斯顿大学人口研究室的“欧洲生育史项目”（European Fertility History Project）对诺特斯坦的传统人口转变理论做了有益补充与修正。这项研究，对欧洲的人口发展变化的历史进行重要考察，试图确切证实人口转变发生的过程及原因。调查发现欧洲的生育率下降是在经济、社会和人口条件存在广泛差异的条件下发生的。科尔团队指出，经济发展是欧洲国家生育率下降的充分条件而非必要条件[①]。例如，欧洲一些国家许多省份的婴儿死亡率较高，城市化水平较低，工业人口比重较低的条件下发生了出生率快速下降的情况。然而在欧洲社会中，社会经济发展相似的一些地区并没有同时经历生育率下降，而其他一些在社会经济上相似性少的省份却经历了几乎相同的生育率下降[②]。资料显示，解释这一现象的是文化因素，也就是说，具有相似文化的地区（如相同的语言、共同的种族背景、相似的生活方式等）比那些文化相似性少的地区更有可能经历共同的生育率下降。语言障碍、社会经济不平等性、人们之间的社会距离等是典型的阻碍新观念、新态度传播的文化因素。

二、南疆的传统生育文化及其消极影响

南疆四地州第二和第三产业虽然有一定的发展，但人口的绝大多数仍从事第一产业，主要采用传统农业社会的生产方式，这种传统的生产方式自然带有“多子多福”、“多一个孩子就多一个劳动力”的思想观念，这对南疆四地州妇女的生育水平有着深刻的影响。传统农业社会的父权家长制度对应着一定的“代际财富流”（凯德威尔），子女在家庭经济中具有重要价值[③]，子女是家庭的财产来源，多一个子女就多一份财富来源。弗里德曼在 20 世纪 70 年代针对发展中国家生育率居高不下的情况，提出了“子女价值”概念，他指出，人们的生育意愿根植于社会的价值体系之中。南疆四地州仍是以传统农业为主的社会，早婚早育多育的传统观念较强。费孝通也曾指出，传统的农业生产方式造就了中国的儒家文化，而南疆四地州传统的农业生产方式

---

① Ansley J. Coale, *The Demographic Transition Reconsidered*, International Population Conference, Liege, 1973, Vol. 1. IUSSP.

② 陈卫、黄小燕：《人口转变理论述评》，《中国人口科学》，1999（5）。

③ 佟新：《人口社会学》，北京大学出版社 2014 年版，第 138 页。

以及严酷恶劣的生态环境也造就了其固有的文化传统和生育观念，在关注南疆四地州人口与经济不协调发展问题时，也不能脱离传统思想观念对其生产和生活方式的影响。笔者调研中发现，南疆大部分女孩子初中毕业之后几年之内就在父母的安排下相亲定亲，并很快结婚生子。虽然年轻人对这种传统的相亲方式并不满意，但是绝大多数人还是会最终接受现实，并在婚后接连生几个孩子，甚至超生。

南疆四地州大部分民族信仰伊斯兰教。和传统农业社会一样，传统穆斯林家庭主要是以男性为主的家长制家庭，家庭中的一切事务大都由父亲或丈夫支配。受传统文化和极端宗教思想的影响，男女择偶一般遵从父母之命，之前也有由阿訇包办，倾向于早婚。可以说，南疆维吾尔族聚居地区的早婚早育现象较其他民族和地区更严重①，入村调查中也发现南疆农村维吾尔族早婚早育的比例很高，这将直接影响南疆四地州育龄妇女的生育周期，从而影响生育水平。对于避孕节育，一般伊斯兰教信众会认为带环就相当于身带异物死后进不了“天堂”，做节育手术在人身上动刀子不吉利，孩子是“胡达”赐予的，怀上了就要生，不能违背“主”的意志。这一极端观念对南疆四地州的人口转变影响很广泛（艾尼瓦尔，2006；李建新，2007；王朋岗，2013；李建新等，2016）。

由于南疆传统的生育文化重视孩子的数量却不重视孩子的质量，因此，当地生育率较高，南疆人口还没有形成孩子数量质量替代的现代生育文化，因而对人力资本形成不利。

第三节　传统文化影响下农村妇女婚育和生育政策执行状况

教育水平的提高不仅有利于妇女少受传统思想文化中消极因素的影响，

① 李建新、常庆玲：《新疆维吾尔聚居地区人口婚育状况分析》，《西北民族研究》，2016（1）。

可以培养妇女参加经济社会活动的能力，还可以增加她们的劳动收入，结果造成妇女在家里照料孩子的机会成本增加，使她们不愿意多生子女，从而会降低生育率，在子女数量减少的同时，一般会提高其子女的受教育水平。普查数据和调查数据均表明，南疆农村育龄妇女由于其较低的受教育水平，极易受传统生育文化的影响，其生育率一般相对较高。2017 年在南疆喀什地区英吉沙县萨罕乡 A 村和 K 村对 200 名育龄妇女的调查显示，南疆农村育龄妇女的生育水平高、生育意愿强；南疆育龄妇女倾向于早婚、早育，离婚、再婚水平高；南疆农村计划生育政策效果不明显。

一、南疆育龄妇女生育水平高、生育意愿强

人类的生育是生理现象也是社会人口现象，任何生育行为都是在一定的社会制度结构中进行的。人类历史上最重要和最具革命性的社会变迁之一就是人类对生育的自我控制。就妇女的生育力，即生育能力（Fecundity）来看，美国人口学家邦加兹（J. Bongaats）在研究生育率模型时，定义每个妇女的生育能力在 13～17 个孩子之间，平均为 15.3 个孩子左右[①]。但就妇女的实际生育率（Fertility），即妇女的实际生育子女数量来看，由于社会经济发展和进步的原因，人类的生育率呈现下降趋势。1995 年，世界范围的总和生育率为 2.98 个孩子；2000 年中国的总和生育率为每名妇女平均生育 1.22 个孩子；2010 年，中国的总和生育率为每名妇女平均生育 1.18 个孩子（2000 年和 2010 年中国妇女总和生育率的数据有一定低估，据翟振武估计 2010 年中国的总和生育率应该至少在 1.63 个以上[②]），而南疆四地州农村妇女生育率要远高于全国平均水平。

---

① 佟新：《人口社会学》，北京大学出版社 2014 年版，第 51～52 页。

② 翟振武、陈佳鞠、李龙：《现阶段中国的总和生育率究竟是多少？——来自户籍登记数据的新证据》，《人口研究》，2015（11）。

（一）基于普查数据南疆育龄妇女生育水平相对较高

1. 育龄妇女的一般生育率

一般生育率反映了育龄妇女的综合生育水平。依据《新疆统计年鉴2016》、《中国统计年鉴2016》和《2010年新疆人口普查资料》，估算出2015年一般生育率如图6-1所示，南疆四地州喀什、和田、阿克苏、克州的育龄妇女的一般生育率分别为125‰、78‰、96‰、81‰，远高于新疆平均水平（53‰）和全国平均水平（42‰）。

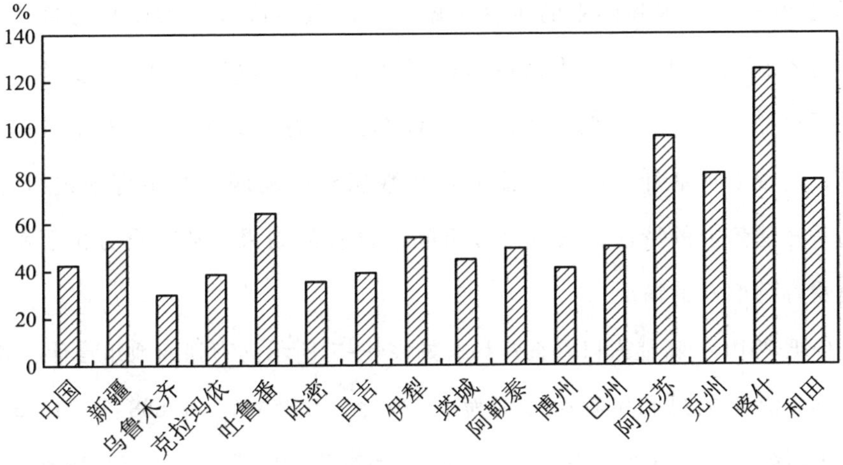

图6-1 新疆十四个地州市妇女一般生育率

数据来源：《2010年新疆人口普查资料》。

2. 年龄别生育率和总和生育率

总和生育率是最具有代表性的生育指标，具有直观、易理解的特点，在社会相对稳定的状态下，总和生育率可以反映育龄妇女生育率变化的趋势①。不同年龄的妇女，其生育率有明显不同。但无论是高生育水平还是低生育水平，育龄妇女年龄别生育率都呈现出随着进入育龄期的年龄增加，年龄别生

① 佟新：《人口社会学》（第四版），北京大学出版社2003年版，第52~53页。

育率也相应增大，直到最大值；然后随着年龄增加又逐步降低。一般来说，总和生育率在2.1～2.2个称为更替水平的生育率，表明人口数量会维持现状，美国19世纪之前总和生育率很高，育龄妇女总和生育率达到7个左右，二战后生育率开始降低，1976年美国总和生育率为1.74个，之后又有回升，1990年美国的总和生育率为2.08个，1996年为2.03个①，2012年美国的总和生育率为2.06个②，基本在更替水平。目前，中国人口均衡发展的总和生育率指标为1.8个（蔡昉，2015）。

六普数据存在一定质量问题，特别是生育率方面，因此有学者通过其他数据对2010年中国和南疆的生育率做修正。翟振武等（2015）曾撰文估计2010年全国的总和生育率大概在1.63个左右③，李建新（2015）实地考察并估计了喀什、和田、阿克苏的总和生育率分别为2.9个、2.4个、2.0个④。这里，笔者不再估计，而是先依据六普数据对南疆四地州生育率进行分析，观察一些趋势上的特征，然后再分析问卷调查的结果，从而全方位了解南疆四地州育龄妇女的情况。

依据2010年新疆人口普查资料，如表6－1所示，南疆四地州喀什、和田、阿克苏、克州的总和生育率分别为1.739个、1.856个、1.688个、1.733个，均高于新疆总和生育率水平（1.529个），也高于全国平均水平（1.18个）。

从年龄别生育率和总和生育率来看，如表6－1和图6－2所示，南疆四地州妇女生育主要有以下特点：

相对早育。喀什、和田、阿克苏、克州的15～19岁年龄段的生育率分别为

① Joseph A., McFalls, Jr., *Population: A Lively Introduction*, Population Bullentin, Third Edition, September, 1998, 53 (3).

② 《2014年美国有多少人口——美国人口结构》，世界人口网，2015－01－21，http://www.renkou.org.cn/countries/meiguo/2015/2533.html.

③ 翟振武、陈佳鞠、李龙：《现阶段中国的总和生育率究竟是多少？——来自户籍登记数据的新证据》，《人口研究》，2015（11）。

④ 李建新、常庆玲：《新疆维吾尔族聚居地区人口婚育状况分析》，《西北民族研究》，2016（1）。

18.89‰、16.97‰、17.36‰、12.88‰，位列14个地州中的第1、2、3、5位，均高于全疆平均水平。

生育分布曲线呈宽峰型。南疆四地州的育龄妇女较早就进入生育高峰期，20岁开始进入并且持续时间较长，四地州妇女生育期持续时间为10～15年。

峰值生育率较高。南疆四地州20～24岁和25～29岁年龄段妇女生育率均超过100‰，30～34岁年龄段的妇女生育率也超过60‰，而全国育龄妇女生育峰值呈单峰状，仅在25～29岁年龄段，且生育率仅为84.08‰。

南疆四地州育龄妇女生育率峰期之后缓慢下降，而不是像全国平均水平那样下降速度非常快。南疆的喀什、和田、克州40岁以后育龄妇女的生育率仍在10‰之上。

南疆四地州城乡育龄妇女年龄别生育率和总和生育率的差别较大，这一点虽然没有地州的数据支持，但关于新疆全区城乡的生育率差别的数据可以间接说明这一点。如表6－1所示，新疆乡村的总和生育率为1.814个，高于城市（1.042个）和镇（1.282个）的总和生育率。

表6－1　南疆四地州育龄妇女年龄别生育率和总和生育率　单位：‰

地区	15～19岁	20～24岁	25～29岁	30～34岁	35～39岁	40～44岁	45～49岁	总和生育率（个）
全国	5.93	69.47	84.08	45.84	18.71	7.51	4.68	1.180
全疆	12.16	84.86	103.28	65.23	25.25	9.75	5.24	1.529
新疆城	3.19	36.48	83.53	53.02	21.12	7.31	3.76	1.042
新疆镇	7.18	65.12	89.82	55.95	23.89	8.51	6.02	1.282
新疆乡村	16.81	109.09	115.31	75.27	28.6	11.83	5.92	1.814
阿克苏	17.36	109.59	102.22	61.97	19.33	6.06	3.33	1.688
克州	12.88	106.25	116.53	63.16	29.24	13.09	5.61	1.733
喀什	18.89	102.93	108.28	66.68	28.74	16	6.35	1.739
和田	16.97	111.68	114.2	79.96	31.79	13.22	3.55	1.856

数据来源：《2010年新疆人口普查资料》、《2010年中国人口普查资料》。

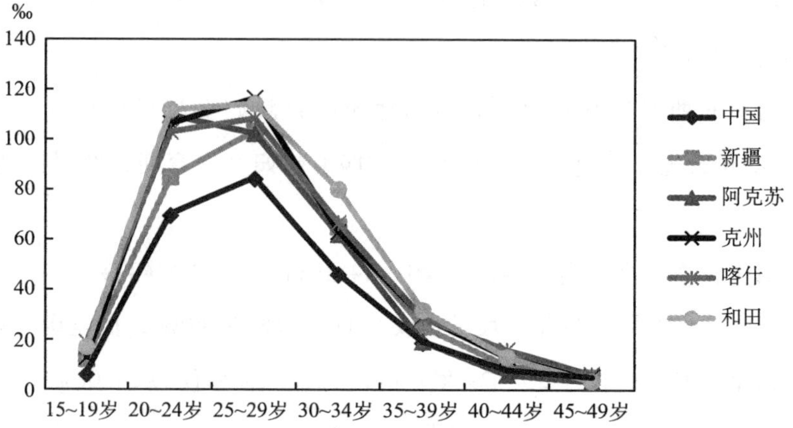

图 6－2　南疆四地州育龄妇女年龄别生育率

数据来源：《2010 年新疆人口普查资料》、《2010 年中国人口普查资料》。

（二）基于调查数据的南疆育龄妇女生育水平高、生育意愿强

1. 调查的育龄妇女及其亲属的生育水平较高

（1）育龄妇女和丈夫及其兄弟姐妹的生育情况。如表 6－2 所示，笔者在喀什地区英吉沙县萨罕乡两个村做调查的育龄妇女生育的子女数主要是 2 个、3 个和 4 个子女。其中已生育 3 个子女的最多，占 30.11%；已生育 2 个子女的其次，占 26.34%；已生育 4 个子女的占 20.43%。育龄妇女和丈夫及他们的兄弟姐妹的子女数也是以 3 个孩子为主，占 27.54%；2 个孩子其次，占 23.20%；4 个孩子比例为 18.04%。也有个别的生育 8 个以上孩子。

表 6－2　被调查村育龄妇女和丈夫及其兄弟姐妹的子女数　单位：个，%

子女数	本人		兄弟姐妹 + 丈夫兄弟姐妹		本人 + 兄弟姐妹 + 丈夫兄弟姐妹	
	数量	比例	数量	比例	数量	比例
0	2	1.08	103	8.79	105	7.73
1	20	10.75	143	12.20	163	12.00
2	49	26.34	266	22.70	315	23.20
3	56	30.11	318	27.13	374	27.54
4	38	20.43	207	17.66	245	18.04

续表

子女数	本人		兄弟姐妹 + 丈夫兄弟姐妹		本人 + 兄弟姐妹 + 丈夫兄弟姐妹	
	数量	比例	数量	比例	数量	比例
5	14	7.53	76	6.48	90	6.63
6 个及以上	7	3.77	59	5.03	66	4.86
总计	186	100.00	1172	100.00	1358	100.00

数据来源：笔者在喀什英吉沙县萨罕乡 K 村和 A 村做育龄妇女调查资料。

（2）育龄妇女及丈夫的父母的生育情况。笔者在 K 村和 A 村做育龄妇女的调查如表 6－3 所示，无论是育龄妇女还是其丈夫，主要是有 4 个兄弟姐妹，也就是说他们的父母主要生育 5 个子女，其次是 4 个子女，再次是 6 个子女；父辈们约 30.20% 的比例生育 5 个子女，约 19.54% 的比例生育 4 个子女，约 18.02% 的比例生育 6 个子女。育龄妇女这一代和她们的父辈一代生育孩子的数量还是有所减少，虽然只是减少 1 个，但毕竟有所减少，就说明一些降低生育的努力没有白费，还是有一定成效，只是成效不太显著而已。

表 6－3　被调查村育龄妇女及丈夫的兄弟姐妹个数（不包括自己和丈夫）　单位：个，%

子女数	育龄妇女的兄弟姐妹		丈夫的兄弟姐妹		育龄妇女及丈夫的兄弟姐妹	
	数量	比例	数量	比例	数量	比例
0	6	2.91	2	1.06	8	2.03
1	10	4.85	12	6.38	22	5.58
2	19	9.22	31	16.49	50	12.69
3	41	19.90	36	19.15	77	19.54
4	73	35.44	46	24.47	119	30.20
5	40	19.42	31	16.49	71	18.02
6 个及以上	17	8.25	30	15.96	47	11.93
总计	206	100.00	188	100.00	394	100.00

数据来源：笔者在喀什英吉沙县萨罕乡 K 村和 A 村做育龄妇女调查资料。

2. 调查的育龄妇女的生育意愿强

（1）育龄妇女的生育意愿强。根据《新疆维吾尔自治区人口与计划生育条例》第十五条规定，城镇汉族居民一对夫妻可生育1个子女，而少数民族居民一对夫妻可生育2个子女。汉族农牧民可生育2个子女，而少数民族农牧民一对夫妻可生育3个子女。艾尼瓦尔·聂吉木（2006）的一项调查显示，被调查的维吾尔族人口中32.46%认为现行的计划生育政策“偏严”，5.67%认为“偏宽”，61.87%认为“正合适”[①]。艾尼瓦尔（2006）的另一项调查显示，新疆少数民族人口希望多要孩子的理由大同小异，近30%的人希望多要孩子的理由首先是“儿女双全，后继有人”；其次是“现在生活好了，多生几个养得起”，“多子多福”，“养儿防老”“孩子是胡大（上帝）给的，听天由命”[②]。

笔者对萨罕乡K村和A村育龄妇女的调查显示，当问“自己希望要几个子女”时，如表6-4所示，57.79%的育龄妇女希望要3个子女，29.22%希望要4个子女，希望要2个子女仅占11.04%。育龄妇女对理想子女性别的选择70%以上希望儿女双全，两男两女是最理想的子女数。可见南疆农村育龄妇女希望生育4个子女的比例还是很高的，这也意味着南疆农村育龄妇女有一定的超生意愿。

表6-4　　被调查村育龄妇女的理想子女数　　单位：人，%

自己希望的子女数	数量	比例
2	17	11.04
3	89	57.79
4	45	29.22
5	2	1.30
多多益善	1	0.65
总计	154	100.00

数据来源：笔者在喀什英吉沙县萨罕乡K村和A村做育龄妇女调查资料。

① 艾尼瓦尔·聂吉木：《新疆少数民族人口计划生育状况调查》，《南京人口管理干部学院学报》，2006（1）。

② 艾尼瓦尔·聂吉木：《边疆少数民族人口生育及生育意愿研究》，《边疆经济与文化》，2006（1）。

（2）育龄妇女有关孩子的一些观点。笔者本次调查中还针对妇女的生育态度设计了几个问题，如表6－5所示，表中的序号表明排序越靠前越同意这个观点，越靠后则越不同意这个观点。对“生孩子非常麻烦”这个问题，绝大多数被调查者持否定态度，也就是说，虽然他们目前经济条件并不好，但是，生孩子是很重要的一件事。调查发现，对于孩子是否会影响妇女的工作、事业和生活时，被调查妇女的观点差别很大，大部分妇女觉得妇女生孩子天经地义，但也有个别妇女希望发展个人的事业，调查现场两个观点不同的妇女甚至都吵起来了。“人生的最大喜悦就是看着孩子长大”、“有孩子的家庭是幸福美满的”这两个观点得到一致赞同；而“生孩子主要是为了传宗接代”则排在第4位，“多一个孩子家里就会多一个人劳动”排在第5位。可见，子女给南疆维吾尔族妇女带来很大喜悦，多数人希望把孩子培养成才。

访谈资料显示，育龄妇女超生的原因主要是：①想要更多的孩子；②想要个男孩，男孩可以帮父母干重活、挣钱养家等；③想要个女孩，女孩贴心，父母生病时有女孩照顾感觉比较踏实。

表6－5　被调查村育龄妇女有关孩子的一些观点排序

问题	排序
h. 人生的最大喜悦就是看着孩子长大	1
b. 有孩子的家庭是幸福美满的	2
f. 教育孩子，是为了自己将来会得到更好的回报	3
a. 生孩子主要是为了传宗接代	4
d. 多一个孩子家里就会多一个人劳动	5
k. 家里最好有个男孩	6
e. 生育孩子是为了晚年他们会陪伴照顾我们	7
c. 结婚就该生孩子	8
g. 生孩子非常麻烦	9

数据来源：笔者在喀什英吉沙县萨罕乡K村和A村做育龄妇女调查资料。

（3）家庭对育龄妇女生育意愿影响较大。笔者调查发现，在家庭里，育龄妇女是否再生育孩子主要受丈夫的影响；其次是自己的父母；再次是公婆；此外也会受邻居的生育行为和生育意愿的影响，可见，丈夫在妇女生育子女的事情上具有最重要的影响。目前，南疆农村还有很多三代家庭，家庭人口数在8人左右，这样的家庭中妇女的家庭地位一般较低，她要听从丈夫的意见，一般丈夫也要听父母的话，妇女在家中几乎没有什么发言权。

不过笔者调查还发现，A村的很多家庭已经做了分户，这将有利于女性的独立和自主。访谈资料还表明，随着社会发展，南疆妇女在家庭中的地位逐步提高，也有丈夫将家里的财务大权交给妻子管理的情况。目前，由于计划生育政策的严格执行以及较好的教育、扶贫、医疗等政策，南疆农村家庭的生育观念也在悄然改变。

二、南疆育龄妇女倾向于早婚早育，离婚、再婚水平高

（一）育龄妇女倾向于早婚早育

《新疆维吾尔自治区执行中华人民共和国婚姻法（补充规定）》明确规定，新疆少数民族法定最低婚龄为“男满20周岁，女满18周岁”，低于法定年龄结婚则为早婚，然而“宗教规定男满12岁，女满9岁就算成人”[①]，成人不但要承担各种宗教义务，履行宗教仪式，而且可以涉足婚姻生活。对于南疆育龄妇女的婚育问题，学者们曾做过一些相关研究。如原新（1994）通过对维吾尔族婚姻的研究指出，由于民俗和宗教确定的适婚年龄与《婚姻法》规定的婚龄差距较大，民俗和宗教对维吾尔族的婚姻行为仍有着一定影响，仍有一部分早婚现象存在，但正在减少；陈宝燕（2005）研究发现新疆少数民族妇女早婚早育和非婚生比例较高[②]；艾尼瓦尔·聂吉木（2006）调

① 本书编写组：《维吾尔族简史》，新疆人民出版社1989年版，第357页。

② 陈宝燕：《浅析新疆的人口问题及其对策》，《新疆师范大学学报》（自然科学版），2005（3）。

查了边疆维吾尔族等五个少数民族的人口生育率和生育意愿，研究表明边疆维吾尔族等少数民族虽然有早育，但是有所下降[①]；李建新（2007）的研究表明，新疆维吾尔族早婚早育现象有所遏制，1990 年 20 岁以下的生育率高达 62%，2000 年下降到 49%[②]。李建新（2016）对新疆维吾尔族聚居区人口婚育状况的研究发现，“在南疆的农村地区，早婚离婚现象依然较为普遍，某民族团四连 15～19 岁结婚的育龄妇女占 56.66%”[③]。

综合以上多位学者的调查研究发现，南疆维吾尔族聚居区育龄妇女早婚早育情况整体上有下降趋势，但在部分贫穷落后的农村地区，早婚现象依然普遍。

从笔者本次在 K 村和 A 村的调查情况来看，如表 6－6 所示，育龄妇女的初婚年龄以 18～19 岁为主，占被调查者的 40.53%，未满 18 岁就结婚的比例较高，占 35.79%，超过三分之一，20～24 岁结婚的占 22.11%，而超过 25 岁结婚的仅占 1.58%。

表 6－6　　被调查村育龄妇女的初婚年龄　　单位：人，%

初婚年龄	数量	比例
<18 岁	68	35.79
18～19 岁	77	40.53
20～24 岁	42	22.11
25～29 岁	3	1.58
总计	190	100.00

数据来源：笔者在喀什英吉沙县萨罕乡 K 村和 A 村做育龄妇女调查资料。

早婚一般也会早育。从笔者本次在 K 村和 A 村的调查情况来看，如表 6－7 所示，育龄妇女的初育年龄 19 岁以下占 44.97%，20～24 岁占 42.86%，也就

① 艾尼瓦尔·聂吉木：《边疆少数民族人口生育及生育意愿研究》，《边疆经济与文化》，2006（1）。

② 李建新：《新疆穆斯林人口现状与家庭生殖健康服务的新模式》，《西北民族研究》，2007（1）。

③ 李建新：《新疆维吾尔族聚居地区人口婚育状况分析》，《西北民族研究》，2016（1）。

是说 87.83%的被调查妇女在 24 岁之前已经生育了第一个孩子。

表 6-7　　被调查村育龄妇女的初育年龄　　单位：人，%

年龄	19 岁以下	20~24 岁	25~29 岁	30~34 岁	35~39 岁	总计
数量	85	81	16	4	3	189
比例	44.97	42.86	8.47	2.12	1.59	100.00

数据来源：笔者在喀什英吉沙县萨罕乡 K 村和 A 村做育龄妇女调查资料。

笔者本次调查和访谈情况也表明，K 村和 A 村的女孩初中毕业后几年内很快结婚生子的情况还是比较普遍的。举例如下：

附录 2 访谈 14：某维族女性 F2-14，1993 年 2 月出生，现在快 24 岁了，初中毕业，2012 年 19 岁结婚，婚姻是由父母包办的，没谈恋爱，认识一个多月就结婚了。2014 年 1 月，也就是结婚两年左右生了一个男孩，2014 年 5 月又生了一个男孩，现在有两个孩子，还打算再要一个孩子，老公也想再要一个孩子。

附录 2 访谈 17：某维族女性 F2-17，1982 年 3 月出生，现在快 35 岁了，初中毕业，2001 年 19 岁就结婚了，包办婚姻，以前不认识对方，接受包办婚姻，婚后生育五个孩子，2002 年生了老大，2008 年生了老二，2010 年生了老三，前三个孩子都是女孩就生了第四个，想生个男孩，有了男孩，想要两个男孩，又生了第五个，不过老五是女孩，最大的 15 岁，老四快上幼儿园了，最小的还没上幼儿园。

附录 2 访谈 18：某维族女性 F2-18，1990 年 10 月出生，现在快 27 岁了，2010 年 20 岁结婚，夫妻是小学同学，初中毕业后经父母介绍婚姻，2011 年 2 月大女儿出生，2015 年 5 月 2 女儿出生，现在有两个女孩，大女儿已经上幼儿园了，身体不好，体弱多病，小的两岁，还想要个男孩。

调查问卷和访谈的结果均表明，南疆农村的女孩子 18 岁左右结婚的情况非常普遍，前些年主要由父母介绍，现在也有自由恋爱的情况，但都要征得父母的同意，一般认识或恋爱很短的时间就会结婚，之后也会很快生孩子，几年之内就生育3个孩子，由于年轻身体好，除了务农也没有正式工作，又由于前些年的计划生育政策执行较宽松，所以很多家庭都有超生的现象。

有的家长为了孩子可以早点成家，报户口时很多选择了多报年龄，有的多报1~2岁，甚至有多报6~7岁的情况，这样户口本显示的年龄就与实际年龄相差很多。虽然户口本年龄够18岁，但是真实年龄要比18岁小些。不过，自2014年“访惠聚”驻村工作组入村以来，南疆农村计划生育工作和户籍民政等工作都落实得非常到位，目前已基本上杜绝低于18岁（户口本年龄）结婚的情况。此外，户籍管理也比之前更严格。

（二）育龄妇女的离婚再婚比例相对较高

新疆维吾尔族人口离婚现象很早就受到学者的关注，艾尼瓦尔·聂吉木（2006）的研究表明，1990年（四普）维吾尔族离婚率为5.25%，分别比全国和新疆平均水平高7.89倍和0.86倍；2000年（五普）维吾尔族人口离婚率为4.20%，虽然比1990年有所下降，但是仍比全国平均水平高3.67倍[①]。据李建新2013年对某民族团四连的309名育龄妇女的调查显示，其中11.65%为再婚[②]。如表6-8所示，笔者本次对K村和A村育龄妇女的调查表明，被调查者中初婚有偶占71.01%，再婚有偶20.77%，处于结婚状态的超过90%，处于离婚状态的为3.38%，这两个村的育龄妇女再婚比例还是比较高的。

---

① 艾尼瓦尔·聂吉木：《新疆维吾尔族人口离婚率民族及地区差异比较分析》，《西北人口》，2006（2）。

② 李建新：《新疆维吾尔族聚居地区人口婚育状况分析》，《西北民族研究》，2016（1）。

表 6－8　　被调查村育龄妇女的婚姻状况　　单位：人，%

婚姻状况	数量	比例
未婚	7	3.38
初婚有偶	147	71.01
再婚有偶	43	20.77
离婚	7	3.38
分居	1	0.48
丧偶	2	0.97
总计	207	100.00

数据来源：笔者在喀什英吉沙县萨罕乡 K 村和 A 村做育龄妇女调查资料。

访谈情况表明，在高中没有实行免费政策前，很多孩子初中毕业之后很快会由父母包办结婚，虽然很多男女双方都不那么满意，有的也有反抗，甚至离家出走，但是迫于父母和社会压力，最终还是会听从父母的话选择结婚。由于年龄太小就结婚了，所以婚后夫妻、婆媳矛盾较多，从而导致离婚比例也较高。举例如下：

附录 2 访谈 8： 某维族女性 F2－8，28 岁，再婚。夏尔巴妮古丽，1988 年 6 月出生，28 岁，初中毕业，2007 年 19 岁由父母包办结婚，由于对包办不满，跟前任丈夫性格也合不来，不到三年离婚。2010 年与现任丈夫经父母介绍认识很快结婚，结婚前对包办婚姻仍然不满，不过不满意也没用，现在已经过那么长时间了，孩子也有两个了，老大 2011 年出生，老二 2012 年出生，现在夫妻关系特别好。

附录 2 访谈 1： 某维族女性 F2－1，41 岁，再婚。阿依古丽 1976 年 3 月出生，高中学历，1994 年，18 岁时，由父母包办，跟前任丈夫结婚，当时当老师，想进一步学习，提高工作能力，然后再生孩子，前任想要早生孩子，因此产生矛盾，所以就离婚了。现任丈夫是一个工匠（离异），当时在女方家附近干活，两人一见钟情，知道女方离婚了就很快向女方的父母提亲，1998 年俩人结婚。现在夫妻关系良好。

附录2访谈7：某维族女性F2－7，30岁，再婚。布阿吉尔古丽初中文化水平，2008年，21岁由父母包办结婚，与第一任结婚三年，但是女方不想生孩子，所以就离婚了。离婚两年后，又由父母包办结婚，2011年和2015年分别生了两个孩子。

附录2访谈9：某维族女性F2－9，1983年8月出生，现在快34岁了，2001年，18岁初婚，父母包办，没有小孩，由于跟对方父母合不来，所以离婚了。现在回想起来，应该不是自己的原因吧。跟现任丈夫是自由恋爱，2004年结婚，结婚13年了，关系特别好，有事夫妻俩会商量后共同决定。现在有四个孩子。

附录2访谈6：某维族女性F2－6，42岁，离异。热比汗小学文化水平，与两任丈夫都是自由恋爱，离异过两次，现在单身。与第一任丈夫恋爱半年左右结婚，有一男一女两个孩子，第一任娶了二妻（出轨了），就离异了。第二任在库尔勒做生意，常年不在家，照顾不了家里，又因为有一双儿女，不想让孩子有不公平待遇，所以离异。

以上几个育龄妇女都有离婚经历，他们的婚姻多是由父母包办的，第一次结婚后，因为与丈夫性格不合、丈夫有外遇、与婆婆有矛盾、自己不想太早生孩子、女方想要学习等原因离婚。离婚后他们多数人很快会再婚，之前不想生孩子，二婚后会很快生孩子，一般也会几年内生育几个孩子。其实，在南疆的农村，如果婚前有三个孩子，再婚后也会允许再生育一个孩子。因此，再婚比例较高，一般生育的孩子数量也会相应较多。

三、南疆农村计划生育政策效果不明显

南疆地区不仅计划生育政策执行晚，且执行较宽松，超生罚款政策形同虚设，因此，南疆的计划生育政策虽然对控制人口过快增长有一定效果，但

效果并不明显。

（一）计划生育政策实行晚且执行较宽松

新疆维吾尔自治区实行汉族和少数民族差异化的计划生育政策，1981 年 4 月，自治区人民政府发布《新疆维吾尔自治区人民政府关于计划生育工作若干问题的暂行规定》，开始在汉族人口中全面实行计划生育。1988 年 4 月自治区人民政府颁布《新疆维吾尔自治区少数民族计划生育暂行规定》，该规定 1988 年 5 月 1 日起施行，新疆少数民族由此开始实行计划生育。1992 年 7 月 1 日，自治区人民政府颁布《新疆维吾尔自治区计划生育办法》，系统地确定了新疆计划生育政策。至此，新疆开始全面实行计划生育①。新疆汉族的计划生育政策实施早且很严厉，而新疆少数民族人口计划生育工作开展则晚了 7 年且政策实施也较为宽松，这也是南疆四地州人口出生率相对较高的原因之一。

（二）各种节育避孕措施落实较宽松

合理避孕对控制生育率的作用毋庸质疑，当育龄妇女逐渐形成严格按计划生孩子，无生育指标实行避孕的社会风气，则会在一定程度上对控制出生人口起到一定作用②（王国义等，1991）。但在南疆计划生育政策落实的过程中，由于对各种避孕节育措施落实不到位，从侧面助长了超生现象的发生。2014 年“访惠聚”工作组入村工作以来，南疆计划生育工作做得非常到位。笔者调查显示，K 村和 A 村育龄妇女中 80% 已经使用了避孕措施，各种避孕措施的采用对防止意外怀孕和减少生育率起到了一定积极作用。不过随着南

---

① 新疆维吾尔自治区党委政策研究室编：《新疆人口发展与计划生育研究》，社会科学文献出版社 2013 年版，第 12 页。

② 王国义、宋静安、蔡文媚：《从对五个村的调查看结婚、避孕、人工流产对妇女生育率的影响》，《人口学刊》，1991（8）。

疆四地州育龄妇女避孕节育措施的普及，避孕节育对生育率的影响将会减弱[①]，这并不是说避孕节育没有必要，而是说如果计划生育工作已经能够做到没有指标的育龄妇女都做了避孕措施，并且普及避孕节育的观念，那么避孕因素对计划生育就会起作用。

（三）罚款对控制超生的效果不明显

笔者调查显示，之前若出现超生现象，则会对超生家庭罚款，但是，罚款并没有很好抑制超生的发生，超生很普遍，有的家庭认为超生一个几千元成本不算什么，有的家庭认为卖了家当超生也愿意，交不起罚款还可以先欠着。举例如下：

附录 2 访谈 19：某维族女性 F2 – 19，38 岁，高中仅读了一年，由于爷爷无人照看，高一辍学回家照顾爷爷。随后就由父母介绍认识现在的老公，2000 年结婚，结婚 16 年，育四个孩子，两男两女。超生一个，罚款 5000 元，对于第四个孩子，这在当时是普遍现象。除了务农，没有其他收入。

附录 2 访谈 17：某维族女性 F2 – 17，1982 年 3 月出生，35 岁，初中毕业，2001 年 19 岁就结婚了，婚后生育五个孩子，2002 年生了老大，2008 年生了老二，2010 年生了老三，前三个孩子都是女孩就生了第四个，想生个男孩，有了男孩，想要两个男孩，又生了第五个，不过老五是女孩，最大的 15 岁，老四快上幼儿园了，最小的还没上幼儿园。收入主要靠种地，老公是开车的，以前有自己的车，因为超生卖掉了。两个孩子罚了 2.2 万元，目前只交了 7000 元，丈夫现在租车开。

由于超生罚款的效果并不好，近年来，为进一步稳定生育率和降低人口过快增长，在国家大力支持下，新疆基本形成了农村部分计划生育家庭奖励

① 张爱婷、杜跃平：《非政策因素对我国生育率影响的量化分析》，《人口学刊》，2006（2）。

制度、“少生快富”工程、计生家庭特别扶持制度、南疆四地州农村计生家庭特殊奖励制度（王志远，2011；王朋岗，2013；李建新，2016）。南疆三地州农村计生家庭特殊奖励政策由自治区人民政府从2007年起面向喀什、和田及克州实施，对按照自治区计划生育政策规定可生育三孩的农村少数民族中自愿少生育一个或两个孩子并领取了计划生育父母光荣证的夫妻实行奖励，2014年阿克苏地区也开始执行农村计生家庭特殊奖励政策，2015年奖金还有所提高。这一转变很受群众欢迎。

综上所述，南疆四地州计划生育开始晚，执行又很宽松，执行方式也主要是罚款为主，虽然对南疆四地州的生育率降低有一定作用，但是作用并不明显。在南疆经济社会发展还相对滞后的情况下，计划生育政策实施又较宽松，从而使得南疆人口非均衡发展的态势没有得到及时扭转。自2014年“访惠聚”驻村工作组入村工作以来，村基层组织工作的效率大幅提高，工作方法也有很大改进，南疆四地州的计划生育工作已得到充分重视，已基本落实没有指标的妇女采取避孕节育，对按政策生育或少生育的家庭进行奖励，现阶段的计划生育政策的执行和落实对当前南疆四地州生育水平的降低起到了应有的作用，作用效果很快会显示出来。

四、传统文化影响下南疆人口出生率居高不下

结合官方数据和笔者对南疆的入村调查、育龄妇女问卷调查和访谈资料，南疆育龄妇女的生育率和生育意愿均较高，而早婚早育、离婚再婚比率均较高，多种因素综合到一起，使得南疆人口出生率居高不下，人口再生产速度较快，仍未实现人口转变。不过，自2014年“访惠聚”工作组入村工作以来，南疆计划生育工作做得非常扎实到位，从基层妇女干部抓起，在生育奖励和各项教育、医疗、扶贫等配套措施的配合下，目前来看，南疆已基本上没有超生现象发生，育龄妇女及其家庭的生育子女观念也在悄然发生改变。

第七章　结论与对策

本章首先总结前文对南疆人口与经济不协调发展状况研究的主要结论；其次，在总结基础上对促进南疆人口与经济协调发展提出切实可行的对策建议。

第一节　南疆人口与经济不协调发展的主要结论

基于上文的分析可得到南疆人口与经济不协调发展的主要表现以及基于人力资本理论南疆人口与经济不协调发展的主要原因。

一、南疆人口与经济不协调发展的计量分析结果

对南疆县级人口经济差异指数的统计分析表明：

（1）南疆人口经济差异指数依然较高。但自 2000 年以来，南疆人口经济差异指数有一定降低趋势，特别是 2010 年以来，南疆人口经济差异指数有明显降低。

（2）对 2016 年南疆人口经济差异指数与人口自然增长率、高等教育人口比重、城镇化率以及非农产业产值比重的相关分析表明，南疆人口经济差异指数与高等教育人口比重的相关性最高，可见教育对南疆人口经济差异具

有非常显著的影响。进一步分析可见，南疆高等教育人口比重与南疆的城镇化率以及非农产业产值比重呈显著负相关关系。

（3）对新疆县级人口经济差异指数的空间分析可见，新疆县级人口经济差异指数呈现显著的空间自相关性，并且在局部地区，特别是南疆地区呈现显著的局部“高—高”聚集特点。

二、南疆人口与经济不协调发展的主要表现

南疆人口与经济不协调发展主要表现在以下三个方面：

（1）南疆人口增长与经济增长不协调。西部大开发以来，虽然南疆地区生产总值有较大提高，但南疆人口增长速度依然较快，仍未完成人口转变。南疆的人口增长抵消了一部分经济增长，使得近年来虽然南疆的人均 GDP 有较大提高，但是与新疆和全国平均水平比仍然差距较大，依然没有摆脱贫困。

（2）南疆教育水平与经济增长不协调。随着西部大开发以及一系列对口援疆政策的实施，南疆的基础设施已基本完备，但作为南疆经济发展的主体的南疆人口的数量优势还不能迅速转化成质量优势并成为南疆经济增长的内生动力，南疆人口受教育水平低，尤其是受高等教育人口比重低，并且产业工人缺乏职业素养，使得国家对南疆的大力扶持很难迅速转变为南疆自身的“造血”能力。

（3）人口结构与产业结构不协调。南疆城镇化水平低，产业发展滞后，产业结构不合理，仍然以第一产业为主，虽然非农产业产值比重逐年有所上升，但是，南疆人口产业就业偏离度大，非农产业产值比重的提高并没能大量吸纳人口就业。

三、基于人力资本理论南疆人口与经济不协调发展的主要原因

基于人力资本理论，并结合多次对南疆人口生育、教育以及产业发展的

实地调查，得到南疆人口与经济不协调发展主要有三个方面原因：

（1）南疆人力资本不足不利于国家扶持政策的实施效果放大。当前，国家对南疆大力扶持，资金投入非常多，极大改善了南疆的基础设施状况。扶持产业发展方面，兴建了一批产业园区，并有大量援疆企业入驻，但由于人力资本不足，员工受教育水平低且缺乏职业素养，南疆的产业发展遇到极大困难，国家扶助难以激发南疆经济发展的内生动力。

（2）各级各类教育不足也制约着南疆的人力资本形成。双语教育的瓶颈制约着南疆义务教育质量的提高，双语教师短缺，家长不重视子女教育，教学质量难于提高；高等教育严重缺乏制约南疆人力资本的形成，高等学校数量少、专业设置不完善，学校生源层次低，教师流失严重，不利于居民收入水平提高和产业升级；职业教育不足制约南疆产业工人的职业素质养成，南疆职业教育学校数量、师资生源均存在问题，南疆劳动者职业素质较低不利于南疆的产业发展。

（3）传统文化思想制约着南疆的人力资本形成。南疆的贫困文化不利于其市场经济观念的形成；南疆的传统生育文化则使得南疆农村人口倾向于早婚早育、多生超生；南疆女性较低的受教育水平使其更易受传统文化的影响而生育较多的孩子。

第二节　促进南疆人口与经济协调发展的对策与建议

本章第一节综所述南疆人口与经济不协调发展的原因较多且较复杂。要解决南疆人口与经济不协调发展问题，最关键的问题：一个是教育，另一个是产业。因此，必须做好新形势下的对口援助工作，将教育援助和产业援助作为着力点。必须认识到，教育援助是最根本的、内生的推动，产业援助是必要的、外在的拉动。只有抓住南疆的教育援助和产业援助这两个关键点，才有可能实现南疆人口与经济协调发展，其他的相关问题也才会迎刃而解。下面将从思想观念转变、教育水平提高、产业发展、扶贫以及人口流动等方面提出促进南疆人口与经济协调发展的有针对性的、切实可行的、具体的对策与建议。

一、促进思想观念转变

促进南疆人口与经济社会均衡发展，人们的传统思想观念必须转变。不仅要破除宗教极端思想对南疆人口生育观念和生育行为的影响，还要转变南疆人口传统的生产观念。只有用先进的思想观念代替传统的思想观念，才能彻底解决南疆人口与经济不协调发展问题。发达国家以及发展中国家的人口转变经验充分说明了这一点。推进南疆人口生产观念转变，必须推动经济社会发展。例如，在企业招聘和工作中可以通过员工培训促进其市场观念的建立和生育观念的转变，还可以在各民族员工一起劳动和生产过程中互相学习、取长补短，促进南疆人口市场观念的建立。

推进南疆人口生育观念的转变，必须做好计划生育宣传工作，促使群众认识到孩子质量比数量更重要。做好计划生育宣传工作，相关负责人员必须首先认识到这项工作对南疆人口与经济协调发展的重要性。一是认识到南疆计划生育工作是对当地居民婚姻、家庭、生育理念的一场深刻的思想变革；二是新时代计划生育思想工作要围绕经济建设这个中心，服务于经济建设的大局，人口与经济协调发展问题是关系到南疆四地州经济社会发展、人民脱贫致富的全局性重要问题；三是南疆的计划生育工作是一项长期任务，宣传工作作为计划生育的重要环节，要始终抓住不放，长期坚持下去。具体工作中，如何避孕是非常重要的宣传点，要加大对避孕节育知识的宣传力度，以促使其传统观念的转变。

二、切实落实好计划生育政策

从发展中国家和地区的人口转变经验来看，在人口转变初期，都是自觉开展计划生育工作，正如人口科学国际联盟主席凯德威尔（Caldwell）在1997年第23届人口大会上指出的，发展中国家的人口转变与过去不同，加入了计划生育的影响，政府的作用十分明显。针对南疆少数民族比重较高的特殊性，落实好计划生育政策工作必须注重方式方法。南疆要加强计划生育基层组织建设，以情暖心，依法行政，切实发挥政府行为的主导作用。地方人民政府在控制人口增长和贯彻落实生育政策上今后的趋势是不断弱化政府的行政职能，而不断强化利益调节和市场导向。由于还是有一部分农民家庭的生育意愿与生育政策有差距，政府一定要在执政过程中既强调政府主导也要积极寻求利益调节的改革。适当增大独生子女和其他计划内子女的收益，引导人们自愿选择少生优生。

笔者调查中了解到，前些年，虽然采取超生罚款的措施，由于南疆四地州是深度贫困地区，农民家庭只能解决温饱问题，基本没有多少余钱，所以罚款措施形同虚设，农民们没有多少收入，也就不在乎是否罚款。2007年开始，南疆四地州陆续开始实施人口控制的激励机制，取得了很好的成效。计划生育激励机制方面可以做好以下工作：一是科学设定计划生育奖励项目，不仅对于少生或按政策生育的家庭予以奖励，还对坚持常效节育的群众给予鼓励和奖励。二是采取多种奖励、激励措施，一些地县正在扩大计划生育奖励力度，比如将计划生育与扶贫资金结合，将计划生育奖励与宅基地划分、土地承包、小额贷款等相结合，对执行计划生育的家庭给予适当优惠。

三、加强正规教育投入提高女性受教育水平

教育水平的提高不仅有利于经济社会发展和人口流动，也有利于降低人口的生育率。目前，南疆各类学校的校舍等硬件设施已非常完备，接下来的工作就是要提高南疆的教学质量等软件水平。教学质量的提高是孩子、家长和教师共同努力的结果。南疆的教育相关部门，一方面要做好在职教师的培

训工作；另一方面也要提高教师待遇，同时采取优惠政策吸引内地优秀人才到南疆做人民教师。提高南疆的教育质量也要联系好家长，让家长切实参与到孩子的学习提高中来，学校要及时与家长沟通，并同时做好家长的思想工作，让家长自觉将提高孩子受教育水平作为家庭生活的重要内容，这不仅有利于孩子当前的学习，也将有利于孩子未来的就业，并对未来家长的养老也会有积极作用。

南疆教育水平的提高还要特别重视女性受教育水平的提高，对南疆女性受教育问题要高度重视，可成立专门负责南疆女童和妇女受教育的机构或部门，将提高南疆女性受教育水平落到实处。女性受教育水平的提高，不仅有利于提高女性的社会地位，还有利于提升整个家庭的受教育水平，并有效降低较高的生育率。

四、加强职业教育特别是劳动者素质养成培训

职业教育是正规教育的有益补充，在南疆，职业教育尤其重要。南疆的农村有大量剩余劳动力，急需寻找到合适的就业机会。一方面，他们对在工厂或企业中就业还没有经验，大多数南疆农村劳动力还没有离开过南疆，更没有到过内地，他们对工业化的认识可能只是停留在电视里。对这些劳动力中有就业积极性的那一部分人，可以拿出一部分国家的扶持资金开办职业教育培训班。城乡都应该设置职业教育培训班，特别是雇用了南疆农民工的企业就更应该在企业中开办，或者由园区开办职业培训班。另一方面，就是重视劳动者素质养成。劳动者素质提高将大大促进南疆援助企业尽快在南疆落地生根，也才能使南疆的老百姓真正享受到经济发展的实惠。

五、推动劳动密集型产业发展以吸纳就业人口

就业是民生之本、发展之要、稳定之基。扩大和稳定就业在南疆有着更

为特殊的意义，不仅是经济社会问题，更是重大的政治问题。据测算，每一个单位固定资本所吸纳的劳动数量，劳动密集型的轻纺部门是资本密集型的重工业部门的2.5倍，劳动密集型小企业是资本技术密集型大企业的10倍以上①。南疆劳动力资源相对丰富，加快发展劳动密集型产业，对维护社会稳定、促进经济发展、实现大规模稳定就业具有重要作用。早在新中国成立前，费孝通先生就指出，社会生产方式催生中国传统文化②。要解决南疆人口过快增长问题必须发展经济，转变南疆生产方式。促进南疆的产业发展，要坚持以市场为导向，发展适合当地自然、生态条件的具有比较优势的产业，特别是对就业吸纳能力较强的劳动密集型产业，如纺织、服装加工、食品、旅游等非农产业，特别要重视产业发展的可行性，要符合南疆绿洲经济特点，鉴于南疆分散的城市分布，要鼓励小而精的劳动密集型产业发展。同时在产业选择上，还要有选择性地发展对森林资源、水、土地等自然资源需求少且不损坏南疆自然环境的产业。

六、推动人口流动和跨省劳务输出

2014年，在第二次中央新疆工作座谈会上，习近平总书记指出："新疆问题最长远的还是民族团结问题"，"要加强民族交流交往交融，部署和开展多种形式的共建工作，推进'双语'教育，推动建立各民族相互嵌入式的社会结构和社区环境，有序扩大新疆少数民族群众到内地接受教育、就业、居住的规模，促进各族群众在共同生产生活和工作学习中加深了解、增进感情。"③ 习近平总书记在党的十九大报告中再次指出："加快边疆发展，确保

---

① 陈禄青：《广西农村劳动力转移就业模式、基础条件与保证研究》，《特区经济》，2011（1）。

② 费孝通：《中国社会变迁中的文化症结》，《乡土中国、生育制度、乡土重建》，商务印书馆2013年版，339~352页。

③ 《习近平在第二次中央新疆工作座谈会上发表重要讲话》，新华网，2014-05-29，http://news.xinhuanet.com/video/2014-05/29/c_126564651.htm.

边疆巩固、边境安全。”“加强各民族交往交流交融，促进各民族像石榴籽一样紧紧抱在一起，共同团结奋斗、共同繁荣发展。”[①] 费孝通曾指出“各美其美，美人之美，美美与共，天下大同”，各民族在交流交往中要本着求大同存小异的基本原则，主动了解其他民族的历史和文化，包容民族特性，而了解的基础是沟通和交流。因此，南疆要推动人口流动，特别是在南疆人口流出不畅的情况下组织跨省劳务输出，不仅可以补偿内地的劳动力缺口，有利于释放南疆的就业压力，而且有利于提高南疆农村人口收入水平，有利于先进思想观念的传播，促进民族间交流交往交融。

具体操作上，要以就业为导向，建立农民工培训人才资源库，建设并完善农村劳动力就业市场体系。要继续利用现有的劳务输出渠道，积极开发新的用工就业信息，充分利用城乡、兵地和对口支援省市等途径的劳务需求信息资源，建立形成跨区域的城乡劳务市场信息网络平台，通过举办各类劳务就业交流会、洽谈会为农民和用工单位对接创造条件。

七、加快建立对口支援的长效机制

2010 年新一轮对口援疆以来，南疆的民生、扶贫、产业、就业、教育、医疗以及交流交往交融都获得了一定发展，未来的南疆还需要兄弟省市的大力扶持。在对口援疆工作推进的过程中，产业援疆是所有援助的根本，是关系到南疆永久脱贫和跨越式发展的重要内容，必须建立针对援疆企业的统一、全面、规范的一揽子配套政策。对于来自非对口支援地的企业，也要有配套的政策。比如，第二次中央新疆工作座谈会后，国家和新疆维吾尔自治区制定了支持纺织服装产业的优惠政策，虽然在纺织服装产业集中布局的区域发

① 习近平：《决胜全面建成小康社会　夺取新时代中国特色社会主义伟大胜利——在中国共产党第十九次全国代表大会上的报告》，《党的十九大报告学习辅导百问》，学习出版社、党建读物出版社 2017 年版，第 26 页、第 32 页。

挥了很好的效果，但由于使用领域单一、范围狭窄，政策仅限于纺织服装单一产业以及纺织服装布局的区域，其他大部分区域及劳动密集型产业并没有优惠政策的支持。因此，国家要设立产业援疆企业发展引导基金和相应的后期扶持发展政策，以激发援疆企业的积极性，吸引更多企业来疆发展。

综上所述，南疆人口与经济的不协调发展已经给南疆人民群众的家庭、地区经济社会发展以及资源环境带来了严重的负面影响。而南疆的人口与经济协调发展不仅关系着中国2020年小康目标的实现，关系着中国西部边疆的国防安全，关系着共建“一带一路”倡议的顺利实施，也关系着全国的社会稳定、长治久安和民族团结。因此，在新时期对口援助工作中，一定要抓住对南疆的教育援助和产业援助两个关键点，切实做好以下几项工作：一是做好南疆人口的思想工作，促进其市场观念的建立和传统生育观念的转变；二是要以情暖心，依法行政，切实落实好计划生育政策；三是加强正规教育投入，提高女性受教育水平；四是加强职业教育特别是劳动者素质养成培训；五是以市场为导向，推动劳动密集型产业发展以吸纳就业人口；六是推动人口流动和跨省劳务输出，促进各民族交流交往交融；七是要加快建立对口支援的长效机制。只有这样，才能促进南疆早日实现人口转变、提高南疆教育水平，促进南疆产业结构升级，吸纳就业人口，最终实现南疆人口与经济协调发展。

参考文献

［1］ Ansley J. Coale and Edgar M. Hoover, *Population Growth and Economic Development in Low - Income Gountries*, Princeton: Princeton University Press, 1958.

［2］ Ansley J. Coale, *The Demographic Transition Reconsidered*, International Population Conference, Liege, 1973, Vo1. 1. IUSSP.

［3］ Arthur Haupt & Thomas T. Kane, *Population Reference Bureau's Population Handbook* (4th International Edition), Population Reference BureauWashington, DC, 1945, p. 45.

［4］ Frank Notestein. *Economic Problems of Population Change*. In Proceedings of the Eighty International Conference of Agricultural Economists. London: Oxford University Press, 1953, pp. 13 -31.

［5］ F. Notestein, *Population: The long View*, in T. W. Schults, ed., Food for the World, University of Chicago Press, 1945, pp. 36 -57.

［6］ HarveyLeibenstein, *Economic Backwardness and Economic Growth*, Wiley, New York, 1957.

［7］ JohnKnodel and Etienne van de Walle, *Fertility Decline: European Transition*, International Encyclopedia of Population . John A. Ross (eds.) . The Free Press. New York, 1982.

[8] Joseph A. McFalls, Jr. , *Population: A Lively Introduction*, Population Bullentin, Third Edition, September, 1998, 53 (3).

[9] Kurt W. Neoliberal, *Populism in Latin America and Eastern Europe*, Comparative Politics, 1999, 31 (4).

[10] Mincer J. , *Investment in Human Capital and Personal Income Distribution*. The Journal of Political Economy, 1958, 66 (4): 281 -302.

[11] Mincer J. , *On—the—Job Training: Costs, Returns, and Some Implications*, The Journal of Political Economy, 1962, 70 (5): 50 -79.

[12] Simon Kuznets, P*opulation and Economic Growth*, Proceedings of the American Philosophical Society 3, June 1967.

[13] Williamson, J. G. , *Regional Inequality and the Process oI National Development: A Description of the* Economic*Patterns*, Development and Cultural Change, 1965, 134: 1 -84.

[14] W. G. Hoffmann, *Industrial Economics*. Manchester University Press, 1958.

[15] World Bank, *The East Asian Miracle: Economic Growth and Public Policy*, World Bank Policy Research Reports, 1993.

[16]《2014 年美国有多少人口——美国人口结构》，世界人口网，2015 - 01 -21，http://www. renkou. org. cn/countries/meiguo/2015/2533. html.

[17]《2016 年国民经济和社会发展统计公报》，国家统计局官网，2017 - 02 -28，http://www. stats. gov. cn/tjsj/zxfb/201702/t20170228_1467424. html.

[18]［法］阿尔弗雷·索维：《人口通论》（上），查瑞传、邬沧萍、戴世光、侯文若译，商务印书馆 1983 年版，第 91 ~92、164 ~165 页。

[19]［英］阿弗里德·马歇尔：《经济学原理》（上），廉运杰译，华夏出版社 2013 年版，第 196、201 页。

[20] 阿克苏政府网，http://www. aks. gov. cn/zjaks/index. html.

[21] 阿布都热合曼·哈力克、卞正富、瓦哈甫·哈力克：《南疆城市化

发展中的生态环境问题与反贫困研究》,《农业现代化研究》,2008:29(6)。

［22］艾力江·沙吾提:《南疆水资源分布现状及开发利用对策》,《水利规划与设计》,2015(1)。

［23］艾尼瓦尔·聂吉木:《边疆少数民族人口生育及生育意愿研究》,《边疆经济与文化》,2006(1)。

［24］艾尼瓦尔·聂吉木:《新疆少数民族人口计划生育状况调查》,《南京人口管理干部学院学报》,2006,(1)。

［25］艾尼瓦尔·聂吉木:《新疆维吾尔族人口离婚率民族及地区差异比较分析》,《西北人口》,2006(2)。

［26］［英］安格斯·麦迪森:《世界经济千年史》,伍晓鹰等译,北京大学出版社2003版。

［27］［美］安斯利·J. 科尔:《人口转变理论再思》,顾宝昌编:《社会学的人口视野》,商务印书馆1992年版,第133、141页。

［28］白和金:《从新民主主义到社会主义初级阶段的中国经济发展》,《宏观经济研究》,1999(9)。

［29］［美］保罗·克鲁格曼:《发展、地理学与经济理论》,蔡荣译,北京大学出版社、中国人民大学出版社2002年版,第87页。

［30］本书编写组:《维吾尔族简史》,新疆人民出版社1989年版,第357页。

［31］鲍思顿、张喻婷、邓晓丹、何蕾、马洛琳:《中国少数民族的人口学分析》,梁在主编:《人口学》,中国人民大学出版社2012年版,第73页。

［32］蔡昉:《促进人口均衡发展》,《经济日报》,中国经济网,2015-11-12,http://paper.ce.cn/jjrb/html/2015-11/12/content_281798.htm.

［33］蔡昉:《靠人才提高劳动生产率》,《人民日报》,2011-08-02。

［34］蔡昉:《中国人口与可持续发展》,科学出版社2007年版,第7~8页。

[35] 蔡昉：《理解李约瑟之谜的个经济增长视角》，《经济学动态》，2015（6）。

[36] 蔡昉、王德文：《比较优势差异、变化及其对地区差距的影响》，《中国社会科学》，2002（5）。

[37] 柴林、朱美玲：《南疆三地州人力资源开发中存在的问题、原因、对策》，《新疆社会科学》，2009（3）。

[38] 陈宝燕：《浅析新疆的人口问题及其对策》，《新疆师范大学学报》（自然科学版），2005（3）。

[39] 陈静：《对口援疆的历史演进与绩效评价》，《中共乌鲁木齐市委党校学报》，2013（3）。

[40] 陈柳钦：《产业发展：城市化的动力》，《华北电力大学学报》（社会科学版），2004（10）。

[41] 陈蓉：《南疆三地州劳动力就业能力测评与开发》，新疆大学硕士学位论文，2016.

[42] 陈卫：《“发展—计划生育—生育率”的动态关系：中国省级数据再考察》，《人口研究》，2005（1）。

[43] 陈卫、黄小燕：《人口转变理论述评》，《中国人口科学》，1999（5）。

[44]《春秋繁露·深察名号》。

[45]［英］大卫·李嘉图：《政治经济学及赋税原理》，周杰译，华夏出版社2013年版，第67页。

[46]《道德经》（第二十五章）。

[47]［美］德怀特·H. 波金斯、斯蒂芬·拉德勒、戴维·L. 林道尔：《发展经济学》，彭刚等译，中国人民大学出版社2013年版，第219、250、234~253页。

[48] 邓季惺：《计划生育符合社会主义利益》，《人民日报》，1957－

03－19。

［49］董敏杰、梁泳梅：《“拉美模式”历史根源和不平等的长期影响》，《改革》，2014（10）。

［50］杜鹏、安瑞霞：《从人口大国到人力资源强国——改革开放四十年中国教育发展成就与人力资源发展》，《国家教育行政学院学报》，2018（11）。

［51］段成荣、孙磊：《动劳动力的收入状况及影响因素研究——基于2005年全国1%人口抽样调查数据》，《中国青年研究》，2011（1）。

［52］［美］费景汉、古斯塔夫·拉尼斯：《增长和发展——演进的观点》，洪银兴、郑江淮译，商务印书馆2014年版，第7、106～108，325，333～336页。

［53］费孝通：《小城镇四记》，新华出版社1985年版，第62页。

［54］费孝通：《中国社会变迁中的文化症结》，《乡土中国、生育制度、乡土重建》，商务印书馆2013年版，第339～352页。

［55］费孝通：《简述我的民族研究经历与思考》，《北京大学学报》（哲学社会科学版），1997（2）。

［56］冯天立：《论马克思主义关于两种生产相互关系的原理》，《人口与经济》，1982（10）。

［57］［美］格里高利·曼昆：《宏观经济学》，张帆、杨祜宁、岳珊译，中国人民大学出版社2010年版，第30、247页。

［58］葛剑雄、侯杨方、张根福：《人口与中国现代化（1850年以来）》，学林出版社1999年版，第29～32页。

［59］耿世民：《新疆历史与文化概论》，中央民族大学出版社2006年版，第119～120、122～123、131、136～141、309～310、311～315页。

［60］龚文海：《中原经济区人口长期均衡发展评价模型及实证研究》，《地域研究与开发》，2014（2）。

[61] 顾宝昌：《论社会经济发展和计划生育在我国生育率下降中的作用》，《中国人口科学》，1987（2）。

[62]《管子・权修》。

[63] 郭克莎：《第三产业的结构优化与高效发展》（下），《财贸经济》，2000（11）。

[64] 郭熙保、马媛媛：《发展经济学与中国经济发展模式》，《江海学刊》，2013（1）。

[65] 国家民委政策研究室：《国家民委民族政策文件选编（1979～1984）》，中央民族大学出版社1988年版，第242页。

[66]《国务院关于印发〈"十三五"促进民族地区和人口较少民族发展规划〉的通知》，中国政府网，2017－01－24，http：//www.gov.cn/zhengce/content/2017－01/24/content_5162950.htm.

[67]《国务院关于印发〈国家人口发展规划（2016～2030年）〉的通知》，中国政府网，2017－01－25，http：//www.gov.cn/zhengce/content/2017－01/25/content_5163309.htm.

[68]《国语・越语上》。

[69] 韩篙、张宝歌：《高等教育资源稀缺地区产业升级的挑战与机遇》，《中国成人教育》，2018（18）。

[70] 韩正忠：《国外开发落后地区的经验对我国西部开发的启示》，《世界经济与政治论坛》，2000（3）。

[71]《汉书・地理志》。

[72] 何星亮：《新疆民族传统社会与文化》，商务印书馆2003年版，第44页。

[73] 和田政府网，https：//www.xjht.gov.cn/article/list.php？catid＝142.

[74] 贺占军：《5年内国家将补助投资534亿元支持新疆南疆三地州加快发展》，《中国民族报》，2009－01－06。

[75]《洪亮吉·治平篇》。

[76] 侯亚非、王金营：《人力资本与经济增长方式转变》，《人口研究》，2001（3）。

[77] 胡鞍钢：《从人口大国到人力资本大国：中国总人力资本如何翻一番（1980~2000年）》，《国情报告》第五卷2002年（下），《中国会议》，2012-12-01。

[78] 胡永远：《人力资本与经济增长：一个实证分析》，《经济科学》，2003（1）。

[79]《华孚100万锭色纺工业园落户新疆阿克苏》，人民网，2018-08-29，http：//xj.people.com.cn/n2/2018/0829/c186332-31991377.html.

[80] 晁伟鹏、张长江：《基于“六普”数据的南疆流动人口特征分析》，《资源开发与市场》，2016（6）。

[81] [美] 霍利斯·钱纳里：《工业化和经济增长的比较研究》，吴奇等译，上海三联书店1995年版。

[82] [美] 加里·贝克尔：《人力资本》，陈耿宣等译，机械工业出版社2016年版，第1~2、12~16、19~20、140-156、225页。

[83] [美] 加里·斯坦利·贝克尔：《家庭论》，王献生、王宇译，商务印书馆1998年版，第163~187、273页。

[84] 蒋尔夫：《新疆“十三五”基本普及15年教育》，《中国教育报》，2016-09-19，教育部官网，http：//www.moe.edu.cn/jyb_xwfb/s5147/201601/t20160119_228347.html.

[85] 焦斌龙、焦志明：《中国人力资本存量估算：1978~2007》，《经济学家》，2010（9）。

[86] 金碚：《关于开拓商域经济学新学科研究的思考》，《区域经济评论》，2018（5）。

[87] 金碚：《全球竞争格局变化与中国产业发展》，经济管理出版社

2013 年版，第 1～11 页。

［88］金碚：《全球竞争新格局与中国产业发展趋势》，《中国工业经济》，2015（5）。

［89］喀什政府信息网，http：//www. kashi. gov. cn/Item/46529. aspx.

［90］克孜勒苏柯尔克孜自治州人民政府网，http：//www. xjkz. gov. cn/kzinto. htm.

［91］［瑞典］理查德·斯威德伯格：《马克斯·韦伯与经济社会学思想》，何蓉译，商务印书馆 2015 年版，第 146～150 页。

［92］［瑞典］理查德·斯威德伯格：《经济社会学原理》，周长城等译，中国人民大学出版社 2015 年版，第 8～11 页。

［93］李国平、范红忠：《生产集中、人口分布与地区经济差异》，《经济研究》，2003（11）。

［94］李海峥、李波、裘越芳、郭大治、唐棠：《中国人力资本的度量：方法、结果及应用》，《中央财经大学学报》，2014（5）。

［95］李建民：《中国的生育革命》，《人口研究》，2009（1）。

［96］李建民：《论人口均衡发展及其政策涵义》，《人口与计划生育》，2010（5）。

［97］李建新、常庆玲：《新疆维吾尔族聚居地区人口婚育状况分析》，《西北民族研究》，2016（1）。

［98］李建新：《新疆穆斯林人口现状与家庭生殖健康服务的新模式》，《西北民族研究》，2007（1）。

［99］李建新：《新疆维吾尔族聚居地区人口婚育状况分析》，《西北民族研究》，2016（1）。

［100］李竞能：《现代西方人口理论》，复旦大学出版社 2004 年版，第 320、338～339、341～342 页。

［101］李澜、罗莉：《中国少数民族省区经济通论》，山西出版传媒集

团、山西经济出版社 2016 年版，第 64 ~66 页。

[102] 李善同、侯永志、孙志燕等：《聚焦：全面建设小康社会的 16 项指标》，《经济参考报》，新华网，2004 -03 -11，http：//news. xinhuanet. com/newscenter/2004 -03/11/content_1360221_1. htm.

[103] 李曦辉：《民族地区产业结构优化论》，《青海民族学院学报》（社会科学版），2006（2）。

[104] 李曦辉：《我国东西部差距的现状、成因与处理原则》，《民族论坛》，1997（4）。

[105] 李永乐、吴群、舒帮荣：《城市化与城市土地利用结构的相关研究》，《中国人口·资源与环境》，2013（4）。

[106] 李玉柱：《低生育水平地区生育观念和生育行为分析》，中国社会科学院研究生院博士学位论文（指导教师：郑真真），2011。

[107] 李仲生：《人口经济学》，清华大学出版社 2009 年版，第 10 ~13、19 ~20、24 ~29、40、76、86、185 ~193 页。

[108] 李仲生：《世界近代人口经济史》，中国人事出版社 2016 年版，第 277 ~282 页。

[109] 李仲生：《日本的人力资源开发与经济发展》，《人口与经济》，2007（3）。

[110] 梁继宗：《马尔萨斯主义者关于旧中国人口响彻云霄的谬论》，《新建设》，1957（12）。

[111] 林富德、刘金塘：《中国生育率转变中的发展因素》，《南方人口》，1998（1）。

[112] 林歆：《国外落后地区开发对我国的启示》，《理论探索》，2004（2）。

[113] 林燕：《德国人力资本的综合开发与经济奇迹的创造》，《长治学院学报》，2005（6）。

［114］林毅夫：《新结构经济学》，北京大学出版社 2014 年版，第 9 页。

［115］刘家强、刘昌宇、唐代盛：《论 21 世纪中国人口发展与人口研究》，《人口研究》，2018（1）。

［116］刘易斯：《二元经济论》，北京经济学院出版社 1989 年版，第 3、7、10、15 页。

［117］刘永萍、支晓军：《新疆绿洲人口承载力预测分析研究》，中国农业出版社 2014 年版，第 2 页。

［118］刘玉玲等：《南疆维吾尔族人口流动成因及对策研究》，《中国人口·资源与环境》，2015（5）。

［119］陆杰华：《改革开放以来中国人口与经济关系问题研究的回顾与展望》，《人口与经济》，1999（6）。

［120］陆立军等：《区域经济发展与欠发达地区现代化》，中国经济出版社 2002 年版，第 23 ~24 页。

［121］路遇、翟振武：《新中国人口六十年》，中国人口出版社 2009 年版，第 53、68、75 ~77、133、137、141 页。

［122］鲁龙华、蔡文伯：《基于人力资本视角的新疆南疆地区高等教育发展反思》，《教育与教学研究》，2012（1）。

［123］《论语·亲记下》。

［124］罗荣渠：《现代化新论》，商务印书馆 2014 年版，第 5 ~7 页。

［125］［美］罗斯托：《经济成长的阶段——非共产党宣言》，国际关系研究所编译室译，商务印书馆 1962 年版，第 9 页。

［126］［英］马尔萨斯：《人口论》，郭大力译，北京大学出版社 2008 年版，第 6、59 页。

［127］［德］马克斯·韦伯：《新教伦理与资本主义精神》，马奇炎、陈婧译，北京大学出版社 2012 年版，第 43 ~46 页。

［128］《马克思恩格斯选集》第 1 卷，人民出版社 1972 年版，第24 ~

25、34 页。

[129] 《马克思恩格斯选集》第 4 卷，人民出版社 1972 年版，第 2、368 页。

[130]《马克思恩格斯全集》第 23 卷，人民出版社 1972 年版，第 8 页。

[131]《马克思恩格斯选集》第 34 卷，人民出版社 1972 年版，第 163 页。

[132] 马戎：《南疆维吾尔族农民工走向沿海城市——新疆喀什地区疏附县劳务输出调查》，《中国人口科学》，2007（5）。

[133] 马戎：《中国社会的另一类“二元结构”》，《北京大学学报》（哲学社会科学版），2010：47（3）。

[134] 马胜春、阿不都艾尼：《新疆维吾尔自治区经济史》，2016 年版，第 112 ~ 117 页。

[135] 马胜春：《新一轮对口援疆的成效、问题与对策分析》，《民族经济研究 2016》，企业管理出版社 2016 年版。

[136] 马胜春：《中国区域产业结构与就业结构的差异和变动趋势分析》，《经济研究参考》，2014（11）。

[137] 马寅初：《新人口论》（在第一届全国人民代表大会第四次会议上的书面发言），《人民日报》，1957 - 07 - 05。

[138] 马宇飞：《“对口援疆”20 年：实践与启示》，《实事求是》，2018（1）。

[139] [美] 迈克尔 · P. 托达罗、斯蒂芬 · C. 史密斯：《发展经济学》，余向华、陈雪娟译，机械工业出版社 2010 年版，第 92 ~ 101、179 ~ 180、217 ~ 218、236 ~ 237、240、248 页。

[140]《墨子 · 尚贤下》。

[141] 穆光宗：《现代人口转变的苏南模式》，《中国农村观察》，1993（2）。

[142] 穆光宗：《构筑人口均衡发展型社会》，《北京大学学报》（哲学

社会科学版），2011（5）。

［143］牛琴琴、徐莉：《突破贫困文化对教育的束缚——兼论贫困女性及其受教育状况》，《当代教育论坛》，2018（2）。

［144］［美］诺特斯坦：《人口——长远的观点》，《世界粮食》，芝加哥大学出版社 1945 年版，第 36 ~57 页。

［145］欧文福：《美国西部开发中的教育与人力资源开发及其启示》，《中国教育学刊》，2005（4）。

［146］潘明明：《南疆三地州农村反贫困的人力资源开发研究》，石河子大学硕士学位论文，2015。

［147］彭希哲、黄娟：《中国生育率转变与经济发展》，《人口与计划生育》，1993（2）。

［148］邱红：《人口学概论》，中央广播电视大学出版社 2012 年版，第 14 页。

［149］热比古丽·热杰普：《南疆三地州人口压力及贫困问题研究》，新疆大学硕士学位论文，2017 年。

［150］热孜燕·瓦卡斯：《援疆对南疆三地州产业发展作用分析》，《新疆师范大学学报 》（哲学社会科学版），2014（6）。

［151］尚勇敏、曾刚：《区域经济发展模式内涵、标准的再探讨》，《经济问题探索》，2015（1）。

［152］施正一：《民族经济学教程》，中央民族大学出版社 2001 年版，第 41 ~48 页。

［153］施正一：《施正一文集》，中央民族大学出版社 2015 年版，第 477 ~487 页。

［154］《“十三五”时期新疆经济社会发展目标确定》，人民网 - 新疆频道，2016 -01 -11，http：//xj. people. com. cn/n2/2016/0111/c188514 -27514160. html.

［155］［美］斯图亚特·R. 林恩：《发展经济学》，王乃辉、倪凤佳、范

静译，格致出版社、上海三联书店、上海人民出版社 2015 年版，第 152、153 页。

［156］宋岭、张波、魏江茄：《南疆三地州贫困的典型特征及其贫困原因分析》，《新疆大学学报》（社会科学版），2003（3）。

［157］宋蜀华、陈克进：《中国民族概论》，中央民族大学出版社 2001 版，第 3～10 页。

［158］孙景蔚：《基于损耗的人力资本估算——以长江三角洲经济区三省市为例》，《中国人口科学》，2005（1）。

［159］孙烈礼、杨光瑞：《日本的人口转变及其经验分析》，《人口学刊》，1994（12）。

［160］《孙中山选集》（下卷），人民出版社 1956 年版，第 595、643 页。

［161］［美］塔尔科特·帕森斯：《社会行动的结构》，张明德、夏遇南、彭刚译，译林出版社 2012 年版，第 63 页。

［162］谭崇台：《发展经济学概论》，武汉大学出版社 2015 年版，第 38～40、81～82、98～101 页。

［163］《唐六典》卷七“屯田郎中员外郎”条，中华书局 1992 年版。

［164］汤兆云：《新中国人口政策研究》，光明日报出版社 2016 年版，第 40～41 页。

［165］田卫疆：《历史巨变后的沉思》，《西北民族研究》，2009（2）。

［166］田心源：《生育率的诱催转变——论中国人口规划和社会经济改变的影响》，《科技导报》，1986（1）。

［167］田雪原：《人口学》，浙江人民出版社 2004 年版，第 6、309～318 页。

［168］佟新：《人口社会学》（第四版），北京大学出版社 2014 年版，第 26～27、51～53、138、144～146 页。

［169］王国义、宋静安、蔡文媚：《从对五个村的调查看结婚、避孕、

人工流产对妇女生育率的影响》,《人口学刊》,1991（8）。

［170］王焕勋：《实用教育大辞典》，北京师范大学出版社 1995 年版，第 368 页。

［171］王红涛、孙戈兵：《新疆人口转变的模式及原因分析》，新疆社科论坛》，2005（1）。

［172］王朋岗：《新疆人口生育水平的变化及其影响因素》，《南京人口管理干部学院学报》，2013（3）。

［173］王文静、王迪：《人力资本外部性对区域经济增长的作用——基于微观和宏观两个尺度的实证研究》，《西安财经学院学报》，2014（5）。

［174］王颖、黄进、赵娟莹、张先兵：《人口长期均衡发展及其评价监测模型的构建与应用》，《中国人口·资源与环境》，2011（4）。

［175］王玥：《人力资本对经济发展的影响研究》，《经济师》，2019（2）。

［176］魏下海、张建武、余玲铮：《人力资本不平等与全要素生产率增长关系》，《财经科学》，2011（1）。

［177］威廉·配第：《赋税论》，商务印书馆 1978 年版，第 66 页。

［178］温勇、尹勤：《人口统计学》，东南大学出版社 2006 年版，第 30、48、49 页。

［179］吴景超：《中国人口问题新论》，《新建设》，1957（3）。

［180］吴忠权：《国外促进落后地区经济发展考察及其启示》，《特区经济》，2009（12）。

［181］［美］西奥多·W. 舒尔茨：《改造传统农业》，梁小民译，商务印书馆 1987 年版，第 4、8、136～137 页。

［182］［美］西奥多·W. 舒尔茨：《论人力资本投资》，吴珠华等译，北京经济学院出版社 1990 年版，第 1～10、17、20～21、40～44、53 页。

［183］［美］西蒙·库兹涅茨：《各国的经济增长》，商务印书馆 1985

年版。

[184]《习近平在第二次中央新疆工作座谈会上发表重要讲话》，新华网，2014－05－29，http：//news. xinhuanet. com/video/2014－05/29/c_126564651. htm.

[185] 新疆维吾尔自治区党委政策研究室编：《新疆人口发展与计划生育研究》，社会科学文献出版社 2013 年版，第 12、17 页。

[186] 新疆维吾尔自治区统计局编：《新疆统计年鉴》（1990～2016），中国统计出版社 1991～2017 年版。

[187] 新疆卫生监督局：《新疆维吾尔自治区人口与计划生育条例》（2017 最新版本），2017－08－04，http：//www. xjwsjd. gov. cn/flfg/jgsyfg/xjwwezcgbb/14509. htm.

[188]《新唐书·太宗纪》。

[189] 邢凡洪、谢永萍：《解放思想对南疆农村的现实意义分析》，《重庆科技学院学报》（社会科学版），2012（11）。

[190]［英］亚当·斯密：《国民财富的性质和原因的研究》，郭大力、王亚南译，商务印书馆 2012 年版。

[191] 晏月平、吕昭河：《民族人口通论》，中国社会科学出版社 2015 年版，第 1 页。

[192] 杨凡：《中国的人口转变道路》，中国人民大学出版社 2014 年版，第 66、68、71、75、83、87、93 页。

[193] 杨富强：《"对口援疆"政策回顾及反思——以 1997 年至 2010 年间政策实践为例》，《西北民族大学学报》（哲学社会科学版），2011（5）。

[194] 杨雪：《我国区域经济发展模式现状及路径选择研究》，《统计与管理》，2017（4）。

[195] 杨雪莲：《浅谈南疆贫困农村发展中的桎梏：贫困文化》，《中共伊犁州委党校学报》，2018（1）。

[196] 杨志勇：《教育援助与民族贫困地区人力资本开发研究——基于

新疆和西南彝区的研究》，新疆师范大学硕士学位论文，2015。

[197] 叶元龙：《论最适当的人口数目》，《文汇报》，1957-04-27。

[198] 殷晴：《丝绸之路经济史研究》（上册），兰州大学出版社2012年版，第5、66、172页。

[199] 原新：《维吾尔族人口问题综合研究》，《新疆大学学报》（哲学社会科学版），1994，22（4）。

[200] 袁祖亮、袁延胜、朱和平：《丝绸之路人口研究》，新疆人民出版社2009年版，第171、181、189~200页。

[201] [美] 约翰·梅纳德·凯恩斯：《就业、利息和货币通论》，宋韵声译，华夏出版社2005年版，第22页。

[202] [奥] 约瑟夫·熊彼特：《经济发展理论》，郭武军、吕阳译，华夏出版社2015年版，第3、123页。

[203] 翟振武、陈佳鞠、李龙：《现阶段中国的总和生育率究竟是多少？——来自户籍登记数据的新证据》，《人口研究》，2015（11）。

[204] 翟振武：《建设人口均衡型社会》，《求是》，2013（23）。

[205] 张爱婷、杜跃平：《非政策因素对我国生育率影响的量化分析》，《人口学刊》，2006（2）。

[206] 张车伟、蔡翼飞：《人口与经济分布匹配视角下的中国区域均衡发展》，《人口研究》，2013（6）。

[207] 张车伟、高文书：《中国产业结构升级与人力资本提升》，《China Economist》，2016（4）。

[208] 张少云、巴拉提·吐逊巴克：《和田地区教育援疆受援成效分析》，《民族教育研究》，2016（5）。

[209] 赵靖：《对近代中国的反动人口理论的批判》，《新建设》，1955（12）。

[210] 中共阿克苏市委宣传部：《精准脱贫促进南疆就业和富余劳动力

转移》，《新丝路》，2017（11）。

［211］《中国百姓生活幸福指数调查问卷》，《百姓》，2008（1）。

［212］国家统计局编：《中国统计年鉴》（1990～2016），中国统计出版社1991～2017年版。

［213］《中华人民共和国国民经济和社会发展第十三个五年规划纲要》，新华社官网，20160317. http：//news. xinhuanet. com/politics/2016lh/201603/17/c_1118366322_10. htm.

［214］《中央民族工作会议暨国务院第六次全国民族团结进步表彰大会在北京举行》，《人民日报》，2014－09－29。

［215］《中庸》（第一章）。

［216］钟慧笑：《对口援疆历史进程》，《中国民族教育》，2016（12）。

［217］周天勇、张弥：《我国第三产业发展方略》，《财经问题研究》，2010（9）。

［218］朱国宏：《后人口转变时期：苏南模式的启示》，《科技导报》，1992（11）。

［219］《庄子·齐物论》。

附录 1　南疆育龄妇女生育意愿和生育行为调查问卷①②③

问卷编号：□□□□

生育意愿与生育行为调查问卷

调查对象：1973 年 1 月 1 日至 1998 年 12 月 31 日出生的本地户籍的妇女（包括已婚和未婚的妇女）。

调查地点：________市/县________乡/镇/街道________村/居委会________村民/居民小组

县市编码：□□□□□□

乡镇/街道顺序码：□□

村/居委会顺序码：□□

调查员签名：调查日期：________年________月________日

---

① 李玉柱：《低生育水平地区生育观念和生育行为分析》，中国社会科学院研究生院博士学位论文（指导教师：郑真真），2011。

② 段成荣、孙磊：《动劳动力的收人状况及影响因素研究——基于 2005 年全国 1% 人口抽样调查数据》，《中国青年研究》，2011（1）。

③ 《中国百姓生活幸福指数调查问卷》，《百姓》，2008（1）。

＊＊＊＊＊＊课题组

您好！我们是＊＊＊课题组的访问员，希望对当前南疆地区育龄妇女的生育意愿和生育行为展开调查，了解育龄妇女的生育行为和生育意愿等情况，以维护少数民族妇女的合法权益并为政府相关部门提供决策参考。您的看法和意见对我们的研究很重要，请您按照真实情况和想法填答，对您填答的信息，课题组将严格遵照《中华人民共和国统计法》予以严格保密。

衷心感谢您的支持与合作！

一、个人、家庭基本情况

101. 您是哪年哪月（阳历）出生的？________年________月

102. 您的户口类型是（　　）1. 农业户口；2. 非农户口

103. 您的受教育程度是下列哪种类型？（　　）

1. 未上过学；2. 小学；3. 初中；4. 高中/中专；5. 大专；6. 本科及以上

104. 您上个月的收入是多少？________元（如果为估计范围，按最高值填写）

105. 您最近有工作吗？（　　）（指过去一个月从事过1小时以上有收入的工作或常年务农）

1. 有（包括正在休假的情况）；2. 没有

调查员：请询问并填写调查对象目前从事的具体工作？________

106. 您是否曾经到外省/市/县上学（高中及以上）或工作过（包括当兵）？（　　）

1. 是；2. 否；3. 从外地迁入，不适用

106a. 如果您曾经到过外地，您初次外出的年龄是？________岁

106b. 您曾经到过最远的地方是哪里？（　　）1. 本省其他县/市；2. 外省县/市；3. 国外

107. 您目前是否有养老保险？（含社会保险和商业保险）（　　）1. 是；2. 否

108. 您目前是否有医疗保险？（含城镇医疗、合作医疗和商业保险）（　　）

1. 是；2. 否

109. 您有几个兄弟姐妹？（不包括自己，包括已过世的）________个

110. 有关兄弟姐妹的信息

从老大填起	(1) 与本人关系 1. 兄；2. 姐；3. 弟；4. 妹	(2) 是否已婚 1. 是；2. 否	若已婚，现有子女	
			(3) 几个儿子	(4) 几个女儿
a				
b				
c				
d				
e				

111. 有关父母的信息

	(1) 是否健在？ 1. 是； 2. 否	(2) 年龄（周岁）	(3) 居住情况 1. 同住；2. 不同住	(4) 父母有几个兄弟姐妹（不包括父母本人，包括已经去世的）	(5) 受教育程度 1. 未上过学；2. 小学；3. 初中；4. 高中及以上；5. 不清楚
a 父					
b 母					

112. 现在您家里一起同吃同住的共有几口人（包括您本人）？________人

113. 您全家去年总收入大约是多少元？________元

114. 您家目前总负债约多少元？________元（包括各种贷款和私人借款）

115. 估计您家的经济情况在本村（社区）属于哪类？（　　）

1. 最差；2. 较差；3. 中等；4 较富裕；5. 富裕

116. 您的婚姻状况如何？（　　）1. 未婚；2. 初婚有偶；3. 再婚有偶；4. 分居；5. 离婚；6. 丧偶

117. 您初次结婚的年份？________年

118. 若是再婚/曾经再婚，您最后一次结婚是哪一年？________年

119. 您是否对以下事情感到担心？

	根本不担心	有些担心	非常担心	不知道	不适用
a 担心自己养老?					
b 担心自己生大病付不起医疗费?					
c 担心孩子的上学费用?					
d 担心老了之后指望不上子女?					

二、丈夫及其家人的基本情况

201. 您丈夫是哪年哪月（阳历）出生的？________年________月

201a. 您和丈夫的婚姻是哪种情况？(　　) 1. 初婚；2. 再婚

202. 您丈夫的户口类型是（　　）1. 农业户口；2. 非农户口

203. 您丈夫的受教育程度是下列哪种？(　　)

1. 未上过学；2. 小学；3. 初中；4. 高中/中专；5. 大专；6. 本科及以上

204. 您丈夫上个月的收入是多少？________元（如果为估计范围，按最高值填写）

205. 您丈夫最近有工作吗？(　　)（指在过去一个月从事过 1 小时以上有收入的工作或常年务农）

1. 有（包括正在休假的情况）；2. 没有

调查员：填写调查对象目前从事的具体工作：________

206. 您丈夫是否曾经到外省/市/县上学（高中及以上）或工作（包括当兵）？(　　)

1. 是；2. 否；3. 从外地迁入，不适用

206a. 您丈夫去过最远的地方是哪里？（　　）1. 本省其他县/市；2. 外省县/市；3. 国外

207. 您丈夫目前是否有养老保险？（含社会保险和商业保险）(　　) 1. 是；2. 否

208. 您丈夫目前是否有医疗保险？（含城镇医疗、合作医疗和商业保险）(　　) 1. 是；2. 否

209. 您丈夫有几个兄弟姐妹？（不包括他自己，包括已过世的）________个

210. 有关配偶兄弟姐妹的信息

从老大填起	（1）与配偶关系 1. 兄；2. 姐；3. 弟；4. 妹	（2）是否已婚 1. 是；2. 否	若已婚，现有子女	
			（3）几个儿子	（4）几个女儿
a				
b				
c				
d				
e				

211. 有关公婆的信息

	（1）是否健在？ 1. 是； 2. 否	（2）年龄（周岁）	（3）居住情况 1. 同住 2. 不同住	（4）父母有几个兄弟姐妹？ （不包括父母本人，包括已经去世的）	（5）受教育程度 1. 未上过学；2. 小学；3. 初中；4. 高中及以上；5. 不清楚
A 公					
B 婆					

三、生育

301. 您现在健在的子女有几个？________个

302. 现有子女的信息

从年龄最大的填起	（1）出生年	（2）性别 1. 男； 2. 女	（3）居住 1. 同住； 2. 不同住	（4）子女是否您亲生？	（5）孩子 3 岁前主要由谁照顾？ 1. 自己； 2. 丈夫； 3. 父母； 4. 公婆； 5. 其他（请注明）	（6）您养育孩子一年的费用大约多少钱？ 元	（7）受教育情况 1. 未上学； 2. 幼儿园； 3. 小学； 4. 初中； 5. 高中； 6. 大学及以上	（8）若未毕业，去年孩子的教育费用大概是多少钱？ 元
a								
b								
c								
d								

303. 您目前是否采取避孕方法？(　　) 1. 是；2. 否

303a. 若采取了避孕措施，是以下哪一种？（　　）1. 宫内节育器；2. 口服药；3. 避孕套；4. 其他（请说明）

304. 如果目前未采取避孕方法，主要原因是什么？(　　)

1. 待孕；2. 现孕；3. 哺乳；4. 配偶不在；5. 健康原因；6. 其他（请注明）

四、生育意愿和计划

401. 如果不考虑计划生育等原因，您认为一般家庭要几个孩子最理想？(　　)

401a. 您认为理想的性别是哪种？（　　）1. 无所谓；2. 应该有个女孩；3. 应该有个男孩；4. 有男有女

402. 您自己希望生几个子女？个

402a. 您丈夫和您的想法一致吗？(　　) 1. 一致；2. 不一致；3. 不清楚

403. 按目前计生政策，您可以生育几个孩子？(　　)

1. 一个；2. 两个；3. 三个；4. 四个；5. 五个；6. 不清楚

404. 如果您打算再要一个，想什么时候要？(　　)

1. 已经怀孕；2. 很快就要；3. 再等 1 - 2 年；4. 再等 3 - 4 年；4. 再等 4 年以上；5. 没想好.

404a. 想再要一个男孩还是女孩？(　　) 1. 无所谓；2. 女孩；3. 男孩

404b. 再要一个孩子对您来说是否重要？(　　) 1. 不重要；2. 不太重要；3. 有点重要；4. 非常重要

404c. 如果想再要孩了，主要是因为什么原因？(　　)（可多选）

a. 满足长辈愿望；b. 享受天伦之乐；c. 家里 1 个孩子太孤单；d. 希望儿女双全；e. 增加家庭劳动力；f. 孩子越多越好养；g. 意外怀孕不愿意流产；h. 降低养老风险；i. 第一个子女不健康；j. 生育政策允许；k. 家庭重组；l. 其他（请注明）

405. 您同意以下观点吗（将答案代号填到下面的括号中）？

观点	1. 完全不同意	2. 不太同意	3. 有些同意	4. 完全同意	5. 说不清
a. 生孩子主要是为了传宗接代					
b. 有孩子的家庭是幸福美满的					
c. 结婚就该生孩子					
d. 多一个孩子家里就会多一个人劳动					
e. 生育孩子是为了晚年他们会陪伴照顾我们					
f. 教育孩子，是为了自己将来会得到更好的回报					
g. 生孩子非常麻烦					
h. 人生的最大喜悦就是看着孩子长大					
i. 没有孩子的人生很无聊					
j. 别的家庭有孩子所以我家也要孩子					
k. 家里最好有个男孩					
l. 养育孩子很麻烦，条件不够就不应该要孩子					
m. 孩子会影响夫妻生活					
n. 生孩子会影响妇女事业发展（）					

406. 您认为以下这些人谁对您决定是否再要一个孩子影响影响大？请排序：__________

a. 父母；b. 丈夫；d 亲戚；f. 周围邻居；e. 朋友或同事；c. 公婆

调查结束。感谢您的合作与支持！

被调查人姓名：____________________ 电话：____________________

附录2　南疆育龄妇女调查访谈资料

此资料为与《南疆育龄妇女生育意愿和生育行为》问卷调查对应的部分育龄妇女的访谈资料。为保护个人隐私，此处略去受访者的姓名。

访谈1（问卷编号：007）

访谈对象：某维族女性 F2－1；41 岁；再婚

该女，1976 年 3 月出生，高中学历，1994 年，18 岁时，由父母包办，跟前任丈夫结婚，当时当老师，想进一步学习，提高工作能力，然后再生孩子，前任想要早生孩子，因此产生矛盾，所以就离婚了。现任丈夫是一个工匠（离异），当时在女方家附近干活，两人一见钟情，知道女方离婚了就很快向女方的父母提亲，1998 年俩人结婚。现在夫妻关系良好。2000 年 4 月生了大儿子，接着 2003 年 7 月，2009 年 7 月，又生了两个儿子，因为前三个孩子是男孩，想要一个女孩所以生了老四，2012 年 5 月女儿出生，她觉得女孩特别体贴、孝顺，如果以后生病了方便照顾，男孩不方便照顾母亲，男孩也不会做饭。公公婆婆已经 80 多岁了，关系特别好。

访谈2（问卷编号：009）

访谈对象：某维族女性 F2－2；48 岁；初婚

该女的婆婆跟她是一个村的，她介绍儿子和女方认识，男方高中毕业，女方是文盲，认识 15 天左右就结婚了。现在夫妻关系好，夫妻共有四个孩子，两个男孩两个女孩，女方有妇科病，医生建议再生一个孩子，所以生了第四胎，然后妇科病就好了。现在老大 2012 年初中毕业，当时，高中不是免费教育，家里条件也不好，所以就没读高中，已经出嫁，是包办的婚姻，另外三个孩子在上学，希望这三个孩子好好念书，现在政策这么好，希望孩子们都能上大学，现在没有知识不行，不想让孩子将来像自己一样，主要收入来源是种地，家里事跟老公一起商量，钱由男方管。

访谈 3（问卷编号：011）

访谈对象：某维族女性 F2－3；37 岁；初婚

该女 1978 年 8 月出生，初中文化水平，1995 年，17 岁结婚，男方女方是一个村的，结婚前就认识，与丈夫是远房亲戚（妈妈的远亲），自由恋爱，双方都是初婚，结婚 22 年了，由于是亲戚，沟通较多，比较了解对方，夫妻双方关系和睦，公婆关系好。有四个孩子，两男两女，大儿子在乌鲁木齐读技校，校方了解家庭情况后，对大儿子十分照顾，政府现在政策好，希望生下孩子能上大学，谈及第四个孩子时犹豫。夫妻小事共同协商，大事丈夫决定，男主家。

访谈 4（问卷编号：014）

访谈对象：某维族女性 F2－4；33 岁；初婚

该女 1984 年 3 月出生，初中毕业，2000 年 16 岁时结婚，与丈夫都是初婚，双方自由恋爱，谈了两个月恋爱就结婚了，已经结婚 17 年了，目前有三个孩子，不想要第四个孩子，家里生活来源主要靠种地和摘棉花，三个孩子都在上学，目标是让孩子能好好读书上大学，家庭关系很好。跟公婆一起住，关系也很好，家里遇到事情夫妻俩共同商量决定。

访谈 5（问卷编号：028）

访谈对象：某维族女性 F2－5；35 岁；初婚

该女小学文化水平，媒婆介绍认识丈夫，两人一见钟情，见面两个月后结婚，双方均为初婚，夫妻双方关系和睦，与婆婆同住，有四个孩子，第三胎是双胞胎，夫妻务农，丈夫做零散生意，女主家。对于政府政策很拥护，愿意孩子们上大学。

访谈 6（问卷编号：030）

访谈对象：某维族女性 F2－6；42 岁；离异

该女小学文化水平，与两任丈夫都是自由恋爱，离异过两次，现在单身。与第一任丈夫恋爱半年左右结婚，有一男一女两个孩子，第一任娶了二妻（出轨了），就离异了。第二任丈夫在库尔勒做生意，常年不在家，照顾不了家里，又因为有一双儿女，不想让孩子有不公平待遇，所以离异。收入主要靠务农。一双儿女都结婚了，现在一个人生活。

访谈 7（问卷编号：037）

访谈对象：某维族女性 F2－7；30 岁；再婚

该女初中文化水平，2008 年，21 岁由父母包办结婚，与第一任结婚三年，但是女方不想生孩子，所以就离婚了。2010 年又由父母包办结婚，夫妻双方都是二婚，与现任丈夫关系和睦，2011 年和 2015 年分别生了两个孩子。家里女主家。与公婆同住，关系良好。对于孩子学习期望很高，自己很后悔没有好好学习，寄希望于孩子身上，对于孩子教育全力支持，认为政府政策很好。

访谈 8：（问卷编号：042）

访谈对象：某维族女性 F2－8；28 岁；再婚

该女1988年6月出生，28岁，初中毕业，2007年19岁由父母包办结婚，由于对包办不满，跟前任丈夫性格也合不来，不到三年离婚。2010年与现任丈夫经父母介绍认识很快结婚，结婚前对包办婚姻仍然不满，不过不满意也没用，现在已经过那么长时间了，孩子也有两个了，老大2011年出生，老二2012年出生，现在夫妻关系特别好。家里事情两人共同商量决定，家里小钱由女方管理，但是大钱存在银行，银行卡在丈夫身上，丈夫人好，夫妻相互很信任。主要生活来源是种地、打囊。孩子由老人帮忙照看，地也是老人种，夫妻俩负责打囊，跟公公婆婆一起住，一起吃住，在镇里开囊店，平时老人忙不过来时，也会帮老人干活，跟公婆关系很好，每天晚上会跟丈夫一起去参加双语培训。

访谈9（问卷编号：044）

访谈对象：某维族女性F2－9；女；34岁；再婚

该女1983年8月出生，现在快34岁了，2001年，18岁初婚，父母包办，没有小孩，由于跟对方父母合不来，所以离婚了。现在回想起来，应该不是自己的原因吧。跟现任丈夫是自由恋爱，2004年结婚，结婚13年了，关系特别好，有事夫妻俩会商量后共同决定。现在有四个孩子，第四个孩子是在带环的情况下不小心怀上的，身体不好，贫血，所以就生下来了，现在不想再生了，现在党的政策好，不想再生了，而且如果再生也供不起。家里主要种地，9月份会去阿克苏捡棉花。现在在家也织毯子，织一个3米长的毯子可以赚500～600元，其他时间忙地里的活，还有带孩子。为了找到更好的工作正在学汉语，现在学好汉语有机会的话可以出去打工，我们现在享受比较多的党的好政策，现在县里有企业招工，如果能被录用，还会接受2～3个月的培训。

访谈 10（问卷编号：045）

访谈对象：某维族女性 F2－10；26 岁；再婚

该女初中毕业，跟第一任丈夫是由父母介绍认识，性格不合而离婚。再婚的老公是别人介绍认识的，老公小学毕业，谈了 3 个月的恋爱后结婚。现在有两个孩子，大的 11 岁，小的两岁半。主要收入来源是种地，还有 9 月份去捡棉花，不想再要小孩，两个孩子足够了，希望两个孩子好好学习，培养他们上大学，丈夫小学时很调皮，经常跟老师吵架，现在非常后悔，他不想孩子像自己，抓孩子学习很紧，每周会去学校了解孩子的情况，每天不让孩子干活，让他们多学习，跟公婆分开住，关系还不错。有事夫妻商量，500 元以上的钱都给老婆管。

访谈 11（问卷编号：053）

访谈对象：某维族女性 F2－11；41 岁；初婚

该女与丈夫一个村，有远亲关系，本来就认识，又通过别人介绍，三四个月后结婚，婚后一年第一个孩子出生，总共生过 6 个孩子，老二夭折了，所以要了第四个孩子，这时只有一个男孩，还想要一个男孩，老五是个男孩，就是还想生，又生了老六，一个女孩，现在已经结扎了。老大在打馕，其他孩子都在上学，七岁的女儿特别想见习主席，希望将来到北京读大学，见习大大。

访谈 12（问卷编号：055）

访谈对象：某维族女性 F2－12；29 岁；初婚

该女初中文化水平，婚姻是由父母包办的，目前夫妻关系和睦，有四个孩子，第三胎是双胞胎，家中男方做主，经济来源主要是务农，丈夫打打零工。

访谈 13（问卷编号：064）

访谈对象：某维族女性 F2－13；35 岁；再婚

该女初中毕业一年后结婚，跟第一任丈夫经人介绍认识，结婚前对包办婚姻不满，结婚后跟老公合不来就离婚了，没有孩子。跟第二任丈夫是离婚三年后才结婚的，自由恋爱，谈了一个月恋爱就结婚了，有三个孩子，现在夫妻关系很好，跟公婆的关系也很好，主要收入来源是种地，男方有空就会出去打工，做临时工，妻子在家照看孩子，老公初中毕业，之前就认识，有事两人一起商量决定，钱由丈夫管，希望三个孩子都能读大学，现在晚上七点去村委会学习汉语，村里每天有双语培训班，分两个班，轮流上课。夫妻俩现在关系很好，在家丈夫做主，现在收入来源主要是种地。

访谈 14（问卷编号：065）

访谈对象：某维族女性 F2－14，24 岁初婚；该女的妈妈，55 岁，初婚

该女 1993 年 2 月出生，初中毕业，2012 年 19 岁结婚，婚姻是由父母包办的，没谈恋爱，认识一个多月就结婚了。2014 年 1 月，也就是结婚两年左右生了一个男孩，2014 年 5 月又生了一个男孩，现在有两个孩子，还打算再要一个孩子，丈夫也想再要一个孩子。生活来源主要靠种地，婆媳关系好。

该女的妈妈小学毕业，婚姻是由父母包办的，丈夫是二婚，自己是初婚，是认识一个多月就结婚了。当时计划生育政策还不严，生了六个孩子，四个男孩两个女孩，两个女孩出嫁了，一个男孩已经结婚，老四在开店，最小的两个在上学，最小的孩子 6 岁，很支持孩子上学。家里主要收入来源是种地，丈夫是木匠，家里有五亩地，与公婆关系融洽。

访谈 15（问卷编号：070）

访谈对象：某维族女性 F2－15；34 岁；初婚

该女初中毕业，经过父母介绍认识丈夫，互相认识一年后结婚，现在夫

妻关系挺好，有三个孩子，不打算要四个孩子，目标是好好教育这三个孩子，主要收入来源是种地，秋天会去捡棉花，钱是男方管，目标是想让三个孩子上大学，现在要有知识和技术，婆媳关系很好。

访谈 16（问卷编号：124）

访谈对象：某维族女性 F2－16；21 岁；初婚

该女初中毕业，三年后结婚，与丈夫经父母介绍认识，觉得不错，15 天就结婚了。现在还没有小孩，准备近期要一个孩子，将来想要 3 个孩子，两个男孩一个女孩。现在夫妻关系婆媳关系都很好，收入来源是种地，是 A 村的村医，有事跟丈夫共同商量，最近村里有双语培训班，有空会去学习。村里对没有工作的年轻人还有就业培训班，现在政策特别好。

访谈 17（问卷编号：128）

访谈对象：某维族女性 F2－17；35 岁；初婚

该女 1982 年 3 月出生，初中毕业，2001 年 19 岁就结婚了，包办婚姻，以前不认识对方，接受包办婚姻，婚后生育五个孩子，2002 年生了老大，2008 年生了老二，2010 年生了老三，前三个孩子都是女孩就生了第四个，想生个男孩，有了男孩，想要两个男孩，又生了第五个，不过老五是女孩，最大的 15 岁，老四快上幼儿园了，最小的还没上幼儿园。收入主要靠种地，丈夫是开车的，以前有自己的车，因为超生卖掉了。两个孩子罚了 2.2 万元，目前只交了 7000 元，现在的新政策不罚款了，丈夫现在租车开，与公婆不在一起，关系不错，有事夫妻俩商量决定，钱是自己管自己的，希望孩子能上大学，重视孩子学习，孩子回家后不让他们干活，希望孩子好好学习，周末和假期也是让孩子抓紧学习。

访谈 18（问卷编号：133）

访谈对象：某维族女性 F2－18；27 岁；初婚

该女 1990 年 10 月出生，2010 年 20 岁结婚，夫妻是小学同学，初中毕业后经父母介绍婚姻，2011 年 2 月大女儿出生，2015 年 5 月二女儿出生，现在有两个女孩，大女儿已经上幼儿园了，身体不好，体弱多病，小的两岁，还想要个男孩。现在主要收入来源是种地，婆婆希望儿子做生意，但是儿子不喜欢，婆媳关系好。

访谈 19（问卷编号：179）

访谈对象：某维族女性 F2－19；38 岁；初婚

该女高中仅读了一年，由于爷爷无人照看，高一辍学回家照顾爷爷。随后就由父母介绍认识现在的丈夫，四五个月后结婚。婚前夫妻俩都没有谈过恋爱，对于包办婚姻，当时心中有些怨言，但听父母的话，就答应结婚，双方都是初婚，2000 年结婚，结婚 16 年，夫妻双方关系非常和睦，与公婆同住，大男子主义普遍存在，认为老婆就应该养公婆。育有四个孩子，两男两女。超生一个，罚款 5000 元，对于第四个孩子，这在当时是普遍现象。孩子们学习非常好，对孩子期望特别高，希望都上大学，对于孩子们未来寄予厚望。除了务农，没有其他收入。女主家，丈夫对妻子十分信任，遇事共同商量，女方管钱。夫妻双方原来都是裁缝，不过现在夫妻俩只做点农活。丈夫还是想赚钱，希望生活过得好一点，准备做鞋子生意，从喀什进货，在村里卖。问到是否还想再要一个孩子时，夫妻双方均认为，把现有的四个孩子养大成人，培养成才就很好。

附录3　南疆入村调查访谈资料

一、喀什地区入村调查部分访谈资料（1）

时间：2016 年 8 月

地点：喀什地区英吉沙县萨罕乡 A 村

对象："访惠聚" 驻村工作组干部、村干部

（一）驻村工作组和村干部座谈会纪要

1. 驻村干部基本情况

2014 年第一批驻村干部在村里建成周转宿舍。驻村干部一般开始工作前先要参加 15 天的培训，驻村一年内有四次探亲机会。三年来，在"访惠聚"工作组的干部的协助下，村里的基础设施得到了一定改善，包括路灯、油柏路、打井、改造草坪、便民超市、理发店（"五小工程"）等等。同时因为村民里家庭的主要收入来源是外出打工，还建立了创业就业培训基地（"卫星工程"）。

2. 村民就业情况

村民经济收入来源单一，就业季节性特征明显，收入来源主要为季节性棉花采摘一类的简单劳务输出。而外出固定就业需要汉语水平较高，至少能听说读写。目前输出到北疆就业的大约70人。

3. 流动人口外出到企业就业能留下来的比例

应该可以达到80%，今年村民们表现得很愿意出去打工。一人外出就业可以带动一个家庭整体的生活水平，同时在村里起到很好的“示范效应”。

4. 目前村里大学生、高中生的人数

目前村里有6个大学生，2个高中生。村里有小学，学生们初中要到乡里上学，高中要到县里上学。

5. 18岁以下人口比例

目前全村306户，1364人，平均一个家中3个孩子。18岁以下的608人，占全村总人数的44.57%。

6. 村里初中入学升学情况

村里初中入学可达100%，之前家长对孩子是否读书不太在意，需要动员家长把孩子送到学校读书。现在基本上不需要工作组动员家长让孩子去上学了。今年开始推行免费高中教育，因为升学不是淘汰制，而是免费教育，所以目前初中升学率基本可达100%。中学生一般会住宿，每周六、日回家一次。学校里面采用双语教学，还有双语培训基地对老师进行培训。

7. 村里年轻人的结婚年龄

基本上是法定年龄。但是前几年年龄会有虚报的，可能会出现出生时就上报为5、6岁的，因此法律上是合理的，但实际年龄达不到。

8. 离婚后户籍管理问题

会出现离婚后户口本没变的情况，因为全村1300多人，大量的户口变动工作实施起来有一定的难度。

9. 村里年龄最大的是多少岁

村里岁数最大的是89岁，每个人都有身份证。但是年纪大的村民出生年份（年龄）记忆不清，因此办户籍时随意性比较强，这几年户籍管理制度一直在加强中。

10. 离婚后子女的抚养问题

离婚后子女一般随母亲，离婚后子女 18 岁及以前一般由男方承担所有费用。子女成家后如果经济条件好会分户，现在则一般会选择分户，因为这样也可以多分到安居房。

11. 离婚率高的原因

第一，男女结婚年龄小，不懂事；第二，家庭关系处理不好，不知道如何跟婆婆相处等；第三，贫困是婚姻不稳定的重要原因。

12. 乡里会动员村民去喀什工业园区就业吗?

目前村里还没有去喀什工业园就业的。因为村民保证不了长期就业，一般就近在县城做些临时工，如木匠、建筑工人、电工等。

13. 外出打工是自己的意愿还是父母的意愿?

外出打工意愿一般来自村民的带动作用。近几年村民外出就业意愿比较明显，意识到外出挣钱多，同时外出就业之后村民思维方式有会一些转变，对孩子的教育重视程度也有提高。

14. 村里父母对孩子学习的重视程度

以前父母不太关心孩子的学习，近两年对教育的重视程度有一定的提高，有的家长会非常关心学生的学习，会问学生学了什么课程，有没有做作业等。

15. 学校中午会提供午餐么?

学校早中晚都会提供免费的食物，伙食会比在家里还好，有菜有肉。

16. 村支书对孩子的期望

村支书家有两个孩子，一男一女，分别是 5 岁、8 岁。希望孩子参加高考，以后可以当教师、医生等。之前问及孩子们的梦想，也主要是教师、医生这两个职业。两三年前计划生育抓得不紧，一家五六个、六七个的也有。但现在受计划生育约束，村里每家一般 4 个孩子。从 2014 年开始大概每家 3 个孩子。

17. 女孩外出打工的比例

村里主要是男性外出打工的多，占 80% 左右。女性出门打工的也有，比较少，主要是去阿克苏等地区采摘棉花。

18. 家庭财产的管理问题

打工的钱一般交给男方管理。

19. 村民一年吃几次肉？

吃肉有点困难，主要是没有钱，村民主要的收入来源是外出打工。

20. 村民自家种的粮食够自己吃吗？

村里一人平均不到一亩地。种麦子和玉米一年两季，有时会种点西红柿等蔬菜。玉米一般作饲料，主要吃面食。馕也不能随便吃。

21. 国家补助与养老金发放的标准与渠道

目前村民种植棉花、麦子有补助，平均每户一年 350 元。60 岁以后养老金标准是每人每月 60 元。镇上还有医保、“扶贫专项基金”，农民种地还有种子补助费。

22. 全面放开二孩对南疆的影响

人口政策的调整变化太快，少数民族人口刚限制又面临全国其他地区全面放开二孩政策的展开，会对新疆有一些不利的影响。

23. 考不上高中的学生是否有职业培训？

考不上高中的学生上技校，进行三年的技能培训，包括做衣服、打馕、修车技术等，政府提供学费和伙食费。

24. 关于汉语学习问题

目前20岁以下的年轻人汉语水平不好，主要是前期双语教育没跟上。而在工厂需要与人进行交流，所以一般汉语能力好的人都外出打工了。村里会邀请双语干部教村民汉语，但需要进行督促学习。村里有意愿学习汉语的大概有 20 ~ 30 人，目前村民还比较愿意与人交流，学学汉语，已经意识到汉语的重要性了。

25. 关于户口登记与补登问题

现在一般孩子出生不到一个月就会来登记户口。但 2014 年前没登记户口的比较多，后来补登了 100 多人。

26. 村支书的工资情况

村支书每月工资为1800元。村长是通过村民选举出来的，目前村支书兼任村长职务。

27. 干部选拔问题

目前村里有29个党员。村干部根据干部培养程序进行挑选，驻村干部进行协助。

28. 工作组的工作安排

工作组每周二、周日定点进行工作总结，制订工作计划。一些工作安排乡政府会要求工作组签字，工作组起到帮助、协调以及监督基层组织工作的作用。

（二）入户调查访谈纪要

访谈1：

访谈对象：某维族中年男性 F3－1

访谈对象是一名老党员，每年在外承包土地挣钱，最近村里选举所以回来了。家里有5个儿子，四个在县里上学，大儿子是村里的民兵。房子已经从以前的土房变成现在的砖房，家里还养一些牛、羊、鸡、鸽子等，生活水平在全村属于条件比较好的了。由于“美丽乡村”计划，鼓励发展庭院经济，因此每家后院都会搭建葡萄棚。

访谈2：

访谈对象：某维族青年男性 F3－2

我们先访谈的是这家的儿子，26岁，已婚并有2个孩子，一男一女。后来得知这家另一个儿子的妻子上过高中，因为体弱多病退学了，也一直没找工作，有1个女儿。问及她想要几个孩子，她说2～3个，男孩女孩都可以。目前是三家人住在一起，钱都是父亲管理的，如果后来分家的话就会自己管自家的钱。

访谈 3：

访谈对象：某维族老年妇女 F3－3，58 岁

访谈对象是一名 58 岁的女士，家里葡萄已有 30 多年了。一般葡萄都不会卖，因为价格比较便宜，卖不了好价钱，因此都是自己吃，到冬天了就会把葡萄埋在地里。现在村里家家都通了自来水，用电也没什么问题，偶尔会因为电路有问题停电，不过一年也不会停多次。

访谈 4：

访谈对象：某维族男性 F3－4，23 岁

首先访谈的是家里的大儿子，23 岁，有 2 个孩子，汉语水平还可以。我们得知他还有两个妹妹，一个已经结婚现有 2 个孩子，另一个小妹今年 9 月份去广州上高一（内高班）。小妹刚读完一年的预科，上学的时候一学期要交 450 元。在学校不怎么需要生活费，平常都是吃米饭，一周可以吃一次手抓饭。她说今年开始学校实行不同民族的同学一起住宿一起上课，之前和同学们都相处得很和谐，还准备高二的时候去澳门。家里有电视，但是坏了，现在已经有一年没看过电视了。

访谈 5：

访谈对象：某维族男性 F3－5，53 岁

访谈对象是一名 53 岁的党员。谈到党员，我们了解到村里党员党费每月 0.2 元到 1 元不等。村里会培养一些年轻党员，有意愿申请就可以。

访谈 6：

访谈对象：某维族男性 F3－6，31 岁

访谈对象是一名 31 岁的男士，是上一个访谈对象的儿子，现分家了，有 2 个孩子。相比他父亲的房子，他的房子显得有点小。在房子里面我们看到

墙上还贴着儿子上学得的奖状。

访谈 7：

访谈对象：某维族男性 F3－7，67 岁

访谈对象是一名 67 岁的老党员，身上还戴着党徽。家里有 5 口人，把之前的土房拆掉了，现在房子还在修建中。

访谈 8：

访谈对象：某维族男性 F3－8，50 岁左右，养殖专业户

访谈对象是村里的养殖大户，有 50 头奶牛，还养殖马、绵羊等。每天一头牛产奶量为 30 公斤左右，有专门的机器挤奶。家里有两个儿子，一个儿子每天将牛奶送到喀什，一个儿子则在家里帮忙。现在一只羊价钱为 1000 元左右，小一点的大概 500～600 元一只。自家种玉米、麦子等，并将玉米、麦子杆作为饲料，同时牛羊等的粪便可以作为植物的肥料，可以逐渐形成一个小型的生态循环系统。

二、喀什地区入村调查访谈纪要（2）

时间：2017 年 1 月

地点：喀什地区英吉沙县萨罕乡 A 村

人物：村妇女主任、农户

访谈 9

访谈对象：某维族女性 F3－9，妇女主任

该妇女主任非常年轻，仅 22 岁，由于前任妇女主任超生被撤职，刚刚接管妇女主任工作一年左右，目前离异，且有一个女儿，孩子由自己的父母帮

忙照看。该村育龄妇女大概有 300 个左右，每两个月会做一次妇科检查，目前育龄妇女做绝育手术的有 6 个，带环的有 150 个，正在怀孕的有 20 多个。主任反映，目前乡里很重视人口工作，严格执行计划生育政策。2016 年村里没有一个超生。不过再婚夫妻一般可以再多生一个孩子。

访谈 10

访谈对象：某维族男性 F3－10，20 多岁

该男，已婚，父亲去世了，目前跟母亲、妻子还有两个孩子一起住。属于民兵，每月可获得三个低保 540 元的生活费，不过两个月才发一次，很想有机会出去打工，因为当小工一天能挣 200 块左右，最近儿子病了，得了肺炎，花费了 2000 多元治疗，奶奶说着这些忍不住流泪，爷爷去世了，所以一家很辛苦。

访谈 11

访谈对象：某维族男性 F3－11，58 岁

该男和妻子有两个儿子、两个女儿四个孩子，目前跟小儿子一起住，小儿子有两个孩子。小儿子之前到巴楚和莎车等地打过工，主要是盖房子，2016 年由于义务工较多没有出去打工，很想出去打工赚钱贴补家用。

访谈 12

访谈对象：某维族男性 F3－12，73 岁

该男目前与妻子、两个儿子，一个儿媳妇，一个孙子，两个孙女 8 口人一起住。家里有 13 亩地，种小麦、玉米和杏树，农业年收入 6000 元左右，该男会木工，一年又可收入 2 万元左右，以前也到外地摘过棉花，家里不困难。

访谈 13

访谈对象：某维族男性 F3－13，77 岁

该男 1939 年生，已经 77 岁了，妻子仅 52 岁，与妻子共有四个儿子，老大分户了，目前与妻子、三个儿子、一个儿媳妇和两个孙子一起住，之前在棉花厂工作，已退休，每月退休金 1500 元左右。

访谈 14

访谈对象：某维族女性 F3－14，40 多岁

目前特别想解决的问题就是女儿的年龄问题，当年由于报户口时多报了两岁，所以现在虽然学习很好，但是由于初三升学时年龄超过 15 岁，因此就没有机会上内高班了，现在特别想把年龄改回去。

三、和田地区入村调查部分访谈资料

时间：2016 年 8 月

地点：和田地区和田县县 B 镇 Q 村

对象："访惠聚"驻村工作组干部、村干部、妇女主任，农户

（一）驻村干部、村干部、妇女主任座谈会纪要

1. 村里人口、教育基本情况

村里现在有 685 户，3200 多人，男女比例比较均衡。2016 年有 6 个上大学，现在一共 10 个大学生。目前，村里初中入学率可达 100%，初中生上高中的比例可达 100%，考不上重点高中的可以上职业技术高中或者中专。大学毕业生一般去乌鲁木齐等地区工作。出了大学生的家庭很受别人羡慕，自家人也很自豪。

2. 不同学历毕业生的家庭收入是否有较大区别？

有孩子上大学的家庭支付学费有点困难，如果村民家有孩子考上大学，

现在政府对低保户有2000元补助，但学费需要4500元左右，每月生活费也得1000～2000元，因此考虑到路费、生活费、学费等问题上大学会就近选择。

3. B镇是脱贫镇，村里还有贫困户么？

村里还有贫困户，政策允许有3%的贫困户。

4. 妇女主任家庭情况

妇女主任今年36岁，有3个孩子，最大的孩子今年16岁，在上高中。家庭年人均收入1万元左右，主要收入来源是卖核桃。妇女主任每月的工资为1650元。家里没有小轿车。在场的7个村干部中有4个家里有小轿车。妇女主任反映，自“访惠聚”驻村工作组入村（2014）以来，村里几乎没有超生情况，严格执行计划生育政策。

5. 村干部工资标准如何设定？

和田和喀什的标准不一样。每个村实行星级化管理，Q村属于八星级，星级越高工资越高。

6. 村民就业情况

村民主要收入来源是种植核桃和劳务输出，其中劳务输出的比例比较大，输出到本地内地的都有，大概每年输出480人左右，平均每家都有一人。女性外出打工的比较少，主要是在本地织地毯。目前产业园到村里招工的比较少，援疆企业还属于起步阶段。纺织行业企业在整个县需要的劳动力少，才1000人左右，而目前整个县有60多万的剩余劳动力。在本地打工建富民安居房的居多，去外地的一般去内地卖核桃或者收红枣等。

7. 党支部书记家庭情况？

党支部书记有三个孩子，两个女儿一个儿子，大儿子27岁，最小的20岁，现在都分家了，有6个孙子和外孙，现在和儿子住。儿子做玉石生意，每年可以挣十几万元。

8. 村里男女结婚是介绍还是自由恋爱？

大部分是介绍，自由恋爱的比较少。村内村外的都可以，娃娃亲的情况少，一般都是长大之后再介绍。

9. 村里结婚花费情况

结婚时男方家一般送给女方家 2 万元，最低的也要 1 万元，让女方家自己买结婚用品。男方家里也要准备被褥、电视、地毯等，花费大概 1 万元。不考虑房子、房子装修，只计算请客、准备结婚用品等最低花费也需要 3 万元，最高的需要 5 万元。

10. 村里结婚习俗情况

村里结婚礼金一般最低 10 元，最高 100 元。婚礼时一般吃手抓饭，一人一盘或者两三人一盘。一般在家举行宴客，但不像内地会摆酒席。男方会到女方家接亲，接亲习俗按宗教礼仪，若是初婚则将新娘抬出门，若是再婚则新娘走地毯出门，再坐车去男方家。

11. 村民初婚、再婚比例?

在座村干部六人中只有一个结过两次婚，其他都是初婚。村里初婚的比例大概 70%，再婚比例为 30%。年轻人再婚比例比较大。

12. 年轻人的结婚年龄

三年前女性 16 ~ 17 岁，男性 17 ~ 18 岁结婚的都有。现在法律意识逐渐增强，知道法定结婚年龄女性 18 岁，男性 20 岁。

13. 现在已解决学费问题，村里是不是还有辍学的情况出现?

工作组驻村以前有辍学的情况。因为有的村民受极端思想的影响，不愿意将孩子送到学校，会将孩子送到非法讲经点，然后称孩子失踪或者死亡。现在工作组对村民进行引导，思想上有所转变，比如有的学生想上大学，又重新上高中。

14. 村干部是否到内地考察过?

村干部说要到内地必须要懂汉语，当然到内地看看可以开阔眼界、增长见识，但是机会还是比较少的，支部书记已经三年没出去过了。

驻村干部谈到，国家对少数民族农村的扶持力度很大，所以希望让村干部可以到内地贫困地区看一看，应该要有满足感。不应该只去发达地区看看，也多了解内地的贫困地区，这样对干部和老百姓才有触动作用，要树立一种感恩的思想。

15. 村里农业发展情况

目前全村土地面积 3435 亩，耕地面积为 2500 亩，人均不到 0.8 亩地。从 20 世纪 90 年代开始村里有句话叫“半亩地吃饭，一亩地挣钱”。这里老百姓在自家的一亩三分地上实行“林粮间作”的方法。目前核桃地面积有 163 万亩，红枣地约 70 万 ~ 80 万亩，种杏、石榴、葡萄的也不少。和田属于中国最偏远的地区，距离乌鲁木齐大约 2000 公里，所以村民要解决自己的粮食问题。林、农、畜要做到良性循环，没有粮食就没有草，没有草就没有畜，没有畜就没有肥，长此下去就会形成恶性循环。2015 年全村有 2500 亩核桃，产量达到亩产 120 公斤，大概 2 万多吨。工作组鼓励村民科学种植核桃，种得好的农户可以起到示范带动作用，激励其他农户的热情，这样也可以增加农民的收入。

16. 村里有没有建设电商平台?

目前电商平台还在建设中，2015 年核桃收入 600 多万元，加工企业通过淘宝、京东等一年下来收入也能有好几千万元，上亿元的也有。

17. 市场上核桃、红枣销售价格

核桃的市场价格比较稳定，20 元左右一公斤。红枣的价格忽高忽低，高的时候可达 70 元一公斤，低的时候才 15 ~ 16 元每公斤。核桃和红枣会有商人来村里收购。

18. 货物运输、交通情况

现在有两条沙漠公路，路况也很好，也可以通过 315 国道不经过乌鲁木齐将货物直接运送到青海。现在火车票一票难求，劳动力流动的还比较大。10 月 1 日起，喀什到和田将会新增开一对列车，原有的一对乌鲁木齐南到和田的列车，和田方向始发的旅客列车将达到四对。

19. 财政援助资金情况

村干部工资和办公费用通过财政转移支付，每村一年 6 万元。一般是村里上报，乡里安排再分配。

20. 村里抗震安居房有没有全部建成？资助费用有多少？

估计还需要两三年才能全部建成，目前已完成 60%。建房会按户资助 28500 元，其中中央资助 1 万元，对口支援省市资助 1 万元，自治区资助 8500 元。抗震房的标准是 80 平方米，一般建成需要 6 万元左右，因此实际上一半多需要自己支付。

21. 贷款情况

目前村里主要以信用社贷款为主，其他银行贷款比例比较低。因为这里属于高风险区，银行贷款门槛高。老百姓急需用钱时很难贷到款。现在银行每年给村民贷款有最低额度，若是达不到可以上报建议。但实际上地区银行行长权力比较小，就算有压力也很难作主。

22. 若工作组从村里撤走对村民有无影响？

“打造一支永不走的工作队”对农村工作有很大的作用。还要对村干部的工作进行指导，不仅教思想，也要教方法，估计一段时间才会逐渐形成比较好的工作作风。若工作组撤走可能会有一些不良作风出现一些反弹，估计还有 5% ~10% 的人思想观念需要进一步提高。

23. 扶贫投入的利润分配问题

现在扶贫采取“量化参股”，国家给一定资金，但所占比例要达到 51%，可以解决老百姓的产销保障问题。目前正在试点，在和田财政厅有一个试点，但是还没有大面积实施。目前主要是针对核桃大户，根据企业的收入进行分配。

24. 对村民就业的建议

驻村干部表示，现在村里的情况就像 20 世纪 80 年代初期内地农村的情况。如果民政局将抗灾物、帐篷、部队军用服装等基本物资生产放在这里，估计至少能解决几万人的长期就业问题。虽然有招商引资，但是企业都只会追求“效益最大化”，因此解决问题需要有长远的眼光。

25. 村里有什么娱乐活动？

闲的时候也有一些娱乐活动，比如最近每星期五、六、日都有篮球赛，已经连续好几个月了。村里也有很多人参加了“民间艺人汇报演出”。

26. 关于双语学校问题

目前双语教育质量有待提高，需要培养一批双语教师，不要急于求成。提高村民教育文化素质才不易被宗教极端分子洗脑，不易受他人影响。

27. 村民对当前大学的专业设置有什么看法？

专业设置没什么问题，只是现在学生学习的理论多而实践少，希望可以实践与理论相结合。目前这里医生的需求较大。

（二）入户调查访谈纪要

访谈 15：

访谈对象：某维族老年妇女 F3 - 15

该女丈夫去世了，自己也有病，每个月吃药也得 400 ~ 500 元，生活水平属于中下等。家里有 6 个孩子，现在也有孙子了。儿子在外当建筑工人，不过只有夏天会外出打工，家里也没有人外出去摘棉花挣钱。我们得知目前湿核桃大概 10 元每公斤，干核桃 20 元每公斤，她家里有 7 亩半核桃树，2015 年卖核桃挣了 25000 元。

访谈 16：

访谈对象：某维族老年妇女，65 岁

该女是一名 65 岁的妇女，目前家里有 7 口人，有 3 个小孩。现在该妇女已经享受养老保险 5 年了。儿子外出打工做装修工作，家里的主要收入来源是卖核桃，目前家里有 7 亩核桃地，2015 年卖核桃收入 1 万多元。不过 2016

年收成好一些，主要是村民逐渐愿意给核桃树嫁接了。如果没嫁接大概收入7000~8000元，嫁接之后可以达到2万元，而且产量还会不断提高。家里有一辆三轮摩托车，据了解现在村里基本每家都有一辆，买三轮摩托车是没有补助的，大概需要花费5000多元。

访谈17：

访谈对象：某维族中年妇女F3-17

该女是一名40多岁的妇女，到她家后她很热情地拿出葡萄、大枣、核桃等招待我们。该妇女有4个孩子，老大现在15岁，在镇上上初三，而且在学校里面住宿；老二在上小学；老三在上学前班大班；最小的孩子现在2岁，是自己带的。小学就在村委会对面，上小学的孩子们都是自己去，不需要家长送。上初中的孩子有时是自己送，有时是邻居们送自己孩子去学校就顺带帮忙送了。家里有四亩半核桃地，也是自家人全程管理，一年需要修建2次，2015年核桃收入15000元。同时她家里经营着一个小商店，不过具体的收入没有计算过。该妇女的丈夫在外做核桃生意，主要是从阿克苏地区收核桃，然后将青皮核桃送到这里剥皮晾干再送到外地核桃大户。一般都是一个人收100吨青皮核桃，需要三次三辆车才能运回来，一年能挣两三万元左右。运回来的100多吨青皮核桃会雇人来剥皮，大概需要30~60人，一般50人工作三天可以全部完成。剥皮工作全是女性，一天能挣到150元左右。

访谈18：

访谈对象：某维族年轻妇女F3-18，31岁

该女是一名31岁的女士，家里有3个孩子，最大的孩子现在还在学前班，女士的丈夫外出打工给别人开拖拉机。父母去世了，所以现在他们住的是父母以前的房子。家里有1亩8分地，核桃树也自己嫁接了，2015年核桃

收入为 2000 元。从村干部那得知，一亩核桃地一般可以收入 3000 ~ 5000 元，核桃树再长大些一亩地收入达 10000 元也是有可能的。

从驻村干部那里了解到，这里的村民起初基本并不懂得嫁接能提高产量，现在村民中也有一些家里的核桃树还没有嫁接过，不过，随着嫁接的村民家里的核桃树收成好了，对其他农户还是有示范和带动作用的。

附录4　南疆中小学教育调查资料

时间：2016 年 11 月

地点：喀什地区麦盖提县、和田地区墨玉县部分中小学和职业中学

访谈对象：南疆中小学教师

（一）墨玉县某乡中心小学

学校基本情况：

该校现有教职工 116 人，其中专任教师 93 人，特岗教师 14 名，工勤岗 9 名，大学本科学历 14 名，大专学历 86 名，中专学历 16 名。中教高级教师 1 名，小教高级教师 40 名，小教一级教师 46 名，小教二级教师 2 名。学校共有 79 个教学班，双语班 51 个，学生总数 2466 名。

教师访谈 F4 -1：

有的老师带三门课，比如一人带维文课、音乐课和品德课。

教师访谈 F4 -2：

自然老师，本来是学中文的，到校后教自然，自然包括物理和化学的一些基础知识，所以备课非常困难，特别是还要用少数民族语言来教，讲话就更困难了，老师本身对课本的知识可能都还没有掌握的非常好还要把学生教好，这样就更困难了，而学校不为教师购买教辅材料。

教师访谈 F4－3：

家长对学生的学习一般是不闻不问比较多，做生意的要好一些，他们知道学习是有用的，特别是学汉语是有用的，最近的也有一些家长把自己的孩子送到学习班去学习，乡里孩子送到县里面去学。

（二）墨玉县某乡初级中学

学校基本情况：

该校有教师 111 名，其中高级教师 23 名，一级教师 46 名，二级教师 30 名。学生 1000 人左右，22 个班（其中双语班 7 个）。

这里的教师主要反映了以下一些情况：

目前学校 22 个班级中有 7 个班是双语班，另外的 15 个班是普通班。一般普通班 50 个人左右，会有 8 到 12 个人是 2014 年之后直接入小学的，这些孩子基础特别差，有的科目竟然只能考 0 分。而绩效评估则按同一个标准，所以有的老师，一年总共会被扣几千块钱。一般学校拿出教师基本工资里面的 30%（城市 30%，农村 20%）来做绩效。被扣工资的主要是普通班的年轻老师。绩效考核时，一个学期有四个月扣款，一次扣两千多块钱，一个月扣光，由于单次扣款多，有时交不起住房贷款。

（三）墨玉县某初级中学（初中 1）

学校基本情况：

该校属于县级初级中学，目前共有教师 160 名，专任教师 145 名，其中本科学历 95 人，专科学历 45 人。高级教师 18 名，中级教师 41 名，初级教师 81 名。双语教师 62 名（专门双语教师 42 名），现任理科教师 5 名（双语教师 28 名），文科任课教师 89 名（其中双语教师 30 名）。学校共有 1700 名学生（模式一双语班学生 947 名）。共 36 个班（模式一 20 个班）。目前教育模式有四个：汉语；双语（模式一、模式二）；普通班。

教师访谈 F4 –4（校长）：

学校办学条件一般，目前学校正在改扩建。本校双语老师缺乏，特别是 40 岁以下的双语老师。物理化学生物实验室都不够。2015 年 8 月县教育局对教师开展 1 +8 业务培训，每天一个小时的业务学习（教学方法、计算机、汉语学习），一周 13 个小时。四个班：45 岁以上，民考汉汉语培训；45 岁以下三个层次：双语班教学、基础汉语、基础汉语（简单）。学校对教师强调四个学习：政治学习、计算机学习、双语学习、业务学习。

教师访谈 F4 –5：

2008 西北民族大学汉语毕业，目前承担双语班汉语教学。

教师访谈 F4 –6：

26 年教学经验，莎车师范学校毕业，中专，后自学大专、本科，一直教双语班汉语。

教师访谈 F4 –7：

伊犁师范学院汉语专业毕业，现在教双语班汉语。学校每周一次业务学习：主要为 2 个教师评课，一般先听课、之后评课，按课程标准，教师轮流讲课。教学工作量大，自由探索实践缺乏。学校组织“一家亲”活动，高级职称 3 个学生；中级职称 2 个学生；初级职称 1 个学生。

教师访谈 F4 -8：

同时教模式一和模式二的汉语和汉语文。一般来说，普通班和模式一学生参加民考民考试；模式二学生参加民考汉考试。模式一学习汉语，模式二学习汉语文。

教师访谈 F4 -9：

数学老师，带两个班的课，每周 10 课时，全校 20 个数学老师中 10 个专业，10 个非专业。

教师访谈 F4 -10：

2005 年新疆大学汉语专业毕业，现教汉语。为提高双语教学水平，自治区每年开展教师的汉语考试。教师每年有两次机会考试，汉语和非汉语专业分别参加不同的汉语考试，

教师访谈 F4 -11：

物理老师，学校急缺双语的物理老师，物理难，规定课时 2 +，需要补充 1 课时。

教师访谈 F4 -12：

普通班汉语老师，认为课本难，维语文（新版）有 70% 为新内容，1 年多没有教辅材料，还没编出来，老师需要教辅资料只好自己买。目前南疆地区中学生统一月考，考题很难。

（四）墨玉县某初级中学（初中 2）

学校基本情况：

该校属于县级初中，学校现有教职员工 166 人，教学班级 45 个，其中双

语班级 10 个（双语班学生 440 多名），在校学生 2349 多名，其中 70% 来自附近乡镇。

教师访谈 F4 – 13：

生物老师，主要问题是学校的生物实验室设备不足。

教师访谈 F4 – 14：

汉语老师，之前是学音乐的。

教师访谈 F4 – 15：

学校的老师一般五年有一次继续教育的机会，很多老师借此继续教育的机会，学习和旅游。这里的老师一般每年没有旅游的习惯，基本上都没有到外地旅游过，所以参加继续教育培训，如果能够到乌鲁木齐一趟，他们觉得非常好。

教师访谈 F4 – 16：

在教育培训的过程中，有老师反映，给老师们做培训的，有一些年轻老师可能不是很有教学经验。

教师访谈 F4 – 17：

教师这个职业，不是非常好的一个职业，大家认为公务员最好，如果不能当成公务员，最好也去事业单位，实在不行才选择教师，还有老师需要做各种考核，所以目前是招不满，学校急需老师，但是学校的需求要先报到地区，地区再上报到自治区，由自治区统一招聘老师，经常会招不满。

教师访谈 F4－18：

学生中有10%左右什么都不会，他们不想学习，直接上到初中，所以很多科目都不及格，但学校没有重修或者留级这一说，学生也就没有压力，家长也不重视，学生的积极性也不高，而由于地区的绩效管理，老师的教学压力特别大，所以有的老教师希望能够早一点退休，因为，这么多的检查，他们实在是应付不过来，而且还有很多社会职责需要他们去完成。

教师访谈 F4－19：

老师只有1/3会汉语，另外2/3，可能只能用维语来进行模式教学。

教师访谈 F4－20：

学校教师编制很少，但是急缺老师有可能是因为教育改革推进得太快，双语教师不够，学校仅为老师买教材，但不负责教辅资料，所以老师自己看书都有一些困难，教学质量自然无法保障。

（五）墨玉县某实验中学教师访谈记要（高中1）

学校基本情况：

该学校是一所以高中教学为主的初高中双语教学一体化的完全中学。学校现有教职工387人，其中：专任教师348人，党员109人，工勤人员3人；全校共有94个班，4693名学生。

教师访谈 F4－21：

2005年新疆师范大学毕业来到本校，所教学生70%来自农村。学校开展三进两联活动，一个老师要联系15个学生，帮助他们纠正一些不好的习惯；学校还组织一家亲活动。教师要进行绩效评价，评价分为优秀、合格、基本合格、不合格四个等级，其中优秀大约占15%左右，合格和基本合格大约占

70%，还有 15% 不合格。

教师访谈 F4 - 22：

2004 年喀什师范学院毕业，目前教高三双语班，学校实行双语教学后，有些资源可以直接从网上获得；学生的汉语水平越来越好，但学生的学习积极性差。不过，课上有时汉语好的学生可以帮助老师做些事情。

教师访谈 F4 - 23：

2004 年渭南师范学院毕业，目前教政治课，教学内容一直变化，新课改后老方法不适用了。由于内高班，以及乌鲁木齐、喀什市的学校拉网式招生，好学生大都流失了，剩下的学生相对较差，有的班中考成绩非常低，因此，教师教学压力很大。

教师访谈 F4 - 24：

1999 年大专毕业，2002 年函授本科毕业，目前教高中汉语，班级里 37 个维族学生，15 个汉族学生

教师访谈 F4 - 25：

新疆师范大学物理专业毕业，教高三 5 年，讲授高中物理，教学中同一教研室的老师会共同备课，并一起决定参考书。有的家长因家里经济困难，因此要学生回家工作挣钱，不支持学生继续上学。

教师访谈 F4 - 26：

生物老师，反映初高中生物教材差别很大，目前只有教材，没有教辅，也没有实验室。

（六）墨玉县某高级中学（高中2）

学校基本情况：

学校目前教职工总数为292人，教师253名，工人5名 。公益性岗位的聘用工82名。维吾尔族教职工267名，汉族教师21名，哈萨克族3名，藏族1名；硕士研究生4名，本科242名，大专12名；中学高级教师23名，中学中级教师12名，中学初级教师128名。

学校目前在校学生人数总计为4222名（80个班，4000名左右为寄宿生），其中高一年级32个班有1782个学生，高二年级29个班级，有1450名学生，高三年级19个班级，990名。其中有13个双语班，高一双语班4个，225名，高二双语班5个，有学生211名；高三双语班4个，学生191名。一共627名。该校学生90%来自该县的各个乡镇。入学巩固率达到了98.5%。该校数学老师中14个老师，只有2个是数学专业毕业的。

该校为新建学校，目前还没有参加过高考的毕业生。

（七）墨玉县某职业技术学校

学校基本情况：

学校是2015年新建的职业技术学校，目前有3900名学生，100多个教师，其中47个教师从中小学借调而来。学校目前开设的专业有装修、机械、建筑、中餐、甜点、地毯、刺绣、美容美发、计算机、电商、服装加工等。

教师座谈反映的情况：

学校目前开设三门必修课：汉语听说读写、维吾尔历史和法律基础；

学校每年选拔150名学生（3个班）参加普通高考；

目前学校与300多家企业有合作，有的企业提供织地毯的机器，此外还负责销售；

学校目前可加工校服；

学校的中餐专业可为县里的中小学提供间餐（馕）；

厨艺专业的学生希望有机会参观最好的饭店、餐厅；

由于校企合作方式是教师讲理论课，企业负责校企运作，因此有的老师希望不仅讲理论课，也希望有机会指导学生实践。

（八）麦盖提县某乡双语小学

该校是全日制小学高段寄宿办学封闭式寄宿制学校，学生来源该乡 24 个村，现有教学班 27 个，在校学生 1104 人；其中双语模式一班 8 个，双语模式二班 2 个，民语班 13 个，汉语班 4 个。现有教职工 81 人。其中党员教师 22 名，团员教师 21 名，专任教师 56 名，技工 2 名，宿管员 16 名后勤员 2 名。小学高级职称教师 22 名。学校总面积 51972 平方米，生均用地面积 47.1 平方米；现有建筑面积为 17661.5 平方米，生均建筑面积 16 平方米；绿化面积为 26800 平方米，生均面积 24.3 平方米；硬化率 100%。该校有音乐教室、舞蹈室、科学器材室、计算机室、多媒体教室、广播室、图书阅览室等功能室及美术、体育、综合实践活动器材室。其中图书室藏书 24646 册，生均图书 22.3 册；计算机室有计算机 141 台，达到 7.8 人/台。我校有 2 间多媒体室，全部教室配备了现代班班通教学设备及触摸一体机设备。该校为县级标准化达标学校，地区级德育工作示范校，依法治校示范校。

教师访谈 F4－26：

县第一小学负责托管本校，一个老师被任命为副校长，由于学校缺汉语老师，所以也带该校的语文课。

教师访谈 F4－27：

毕业于喀什农校，本来学习农业，现在在分校教数学。问题：孩子有时看不懂题，主要是语文不好，语文书里有些内容看不懂，也不好换。

教师访谈 F4 – 28：

小学语文数学没有界限，全疆教师总量上超编，而汉语老师缺口也较大，书记亲自带队招老师，尊重教师做得不够，宿舍目前水电经常停、暖气不通，（住校老师很辛苦）。

教师访谈 F4 – 29：

来自第一小学的支教老师，支教时间 1 年。模式 1 语文老师，孩子们汉语基础薄弱。该校 5、6 年级的学生住校，早上七点半就要起床，然后早饭、早读，晚上 9：40 下晚自习，10：10 分上床，大概 10 点半睡、孩子上课会打瞌睡。学生模式与之前模式一致。

教师访谈 F4 – 30：

大学学工科，现在普通班、教模式一和模式二的汉语。

教师访谈 F4 – 31：

14 年 7 月考特岗，南昌工学院会计专业，高中在浙江宁波中学，现在教汉语，本校共有内高班毕业生 3 个。再过 4 年模式二就推广开了，普通班和模式 1 就不需要了。

教师访谈 F4 – 32：

2005 年毕业，汉语专业毕业，教汉语文。

教师访谈 F4 – 33：

2006 年毕业，汉语专业毕业，教汉语文，语文没学好，也会影响数学学习，比较来看，维文中文一起用，模式二的数学教学效果更好。

教师访谈 F4－34：

山东理工大学英语专业毕业，现在教模式二数学。

教师访谈 F4－35：

喀什财贸学院毕业，保险专业，教汉语。

教师访谈 F4－36：

新疆师范大学生物专业毕业，现教模式二数学。

教师访谈 F4－37：

思政专业毕业，在岗不在编，2016 年 9 月来校，自治区统一从甘肃招来 100 多个老师，麦盖提县有 30 个左右；2017 考特岗，目前签约 5 年。

教师访谈 F4－38：

甘肃招聘来的特岗老师。教师很辛苦，目前男老师值夜班、女老师值白班，课余还需要家访。

附录5　南疆产业援助调查资料

时间：2016年8月

地点：喀什市深圳产业园

内容：产业援疆情况

讲解人：地区援疆办干部

喀什经济开发区主题园区占地50平方公里，提出“一城一园一校一区”促进产业就业援疆良性循环，其中产业物流区占地12.89平方公里，城北转化加工区占地13.88平方公里，城东金融贸易区占地13.23平方公里。产业物流区中深圳产业园占地总面积3.3平方公里，位于机场西北侧，喀什综合保税区占地总面积为3.56平方公里，位于机场北侧。

一、深圳产业园基本情况

目前喀什经济开发区已投入约9.8亿元。深圳产业园东区入驻企业26家，其中服装纺织企业18家，21家企业投产运营，稳定用工人数达7000人，喀什市员工比例80%以上，约20%的员工来源于喀什地区其他11个县。深圳产业园西区中亚南亚工业园目前入驻企业18家，涉及服装、清真食品加工等产业，已解决1000余人就业。中航产业园落户企业10余家，中联创科、德海航空食品、海尔巴格中央厨房等5个项目投产运营，解决就业500人。齐鲁如意科技纺织产业园，于2015年8月16日开工建设，预计2016年11月调试运营投产。

2016年政府对喀什深圳产业园入驻企业产业扶持资金约1亿元，因此入驻企业一般不会亏损。并且投入同样的成本，企业在喀什深圳产业园获得的利润会比在其他地区多50%左右，这也是企业在喀什深圳产业园生存的原因之一。

1. 招工方式

产业园主要通过市委市政府和地区就业局招工。一般招工需求会落实到乡镇，招到的人员先要到街道进行基本培训，再由人社局推送员工到园区，到园区之后也会有老师进行培训。

2. 员工待遇

培训期间园区员工的补助为700元，伙食费约300元。正式员工的平均月工资约为1200元，最高月工资为2200元，企业包吃包住（约500元）。员工在园区内基本上没有其他的花费，企业承担员工的吃住问题，娱乐设施为政府承担。

3. 员工流失情况

园区员工流失率达50%，而在园区刚建立时流失率高达80%，现在每逢棉花采摘季节员工流失率也很高。这是因为一般农民家庭一年的纯收入不超过5000元，其中最大的收入就来源于摘棉花，摘棉花每人每天可收入200元，约一个月时间。

4. 员工思想工作

为解决企业员工的思想观念问题，园区会利用企业文化对员工的思想慢慢引导，这就不会让员工产生逆反心理。企业文化对员工的心理素质与文化水平的提高有很大的影响。园区会开展“企业文化建设年活动”，每周五会举办各类主题宣讲会，邀请妇联、工会等市直部门给员工讲课，内容包括婚姻法、劳动法、妇女的权利、宗教知识等。

一般员工的受教育程度偏低，同时员工从农民向产业工人转变的思想观念还有待提高。他们的思维还停留在20世纪八九十年代的自给自足观念，因此觉得工资没有太大的意义，同时也没有很大的动力去挣钱，在外打工也没有在家的那种满足感和幸福感。

5. 女员工的思想转变

目前深圳产业园内女员工占多数，女员工思想的转变可以带动整个家庭思想观念的变化。而一个地区中少数人生活水平和质量的提高也会使得周围人产生向高质量高水平生活转变的想法。

6. 对内地班的看法

这几年喀什地区的教育投入较高，师资力量也跟内地差不多。目前有四个城市对口支援新疆喀什，给喀什地区带来了很多有用的东西，不只是金钱，还包括人的思维方式等等。

二、部分援疆企业基本情况

1. 新疆美丽奥服装有限公司

新疆美丽奥服装有限公司和深圳市美丽奥服装有限公司喀什分厂隶属于香港美丽奥集团，是招商投资落地在喀什经济开发区深圳产业园的第一家深圳服装行业援疆企业。美丽奥国际集团在香港和深圳已经经营二十年，在2015年陆续投资8500万元到喀什经济开发区，主要从事设计生产工商、税务、城管、公安、部队等政府执法服及银行、铁路等企业事业单位制服工作服，中小学生校服，各种棉被、家用被、床上用品等救灾物资和国际服装品牌加工。目前新疆美丽奥服装有限公司有车间三层，1000多名员工。

2. 广东思科—喀什展博电子就业基地

广东思科电子总部位于广东省潮州市，始建于1993年，是一家专业从事各类家电连接器、插头、手机充电器、充电电源、机顶盒等电子科技产业研发设计、制造、销售和服务的集团型民营企业。2014 年 3 月公司落户喀什，目前在一市三县共解决就业人数近 5000 人，其中深圳产业园 350 人，疏附县 2500 人，伽师县 2000 人，莎车县 1000 人。

后　记

历尽艰辛，本书即将付梓出版。然而，此时此刻，我并没有感到丝毫的轻松惬意，反而觉得肩上的担子更重了，南疆朴实和善良的人民群众还有很多仍然没有摆脱贫困，思想观念、经济和社会发展都还相对滞后，扶贫和对口援疆的实践虽然正在发挥作用，但是，实现南疆人口与经济协调发展，还需要很长的路要走。南疆的跨越式发展，需要国家出台更多更好的符合南疆实际的政策，需要南疆当地干部的努力，需要援疆干部特别是南疆驻村工作组的无私奉献与支持，还需要更多致力于南疆发展的专家学者的研究、探索和实践。虽有幸依托国家社会科学基金项目展开此项研究，但由于本人才疏学浅、水平有限，本书对南疆人口与经济协调发展问题仅仅做了初步的探索，还有很多问题有待今后进一步深入研究。

本书的完成不仅是笔者2015年度国家社会科学基金项目《南疆少数民族人口与社会发展关系研究》（项目编号：15BRK033）的阶段性成果，也是笔者的博士毕业论文。感谢国家社会科学基金的资助，更感谢我的博士生导师李曦辉教授！是缘分吧？我调研刚好走过唐玄奘当年西天取经的路。唐僧的梦想是取到真经，而我的梦想是做一个真正对国家和社会有益的学者。而在大学里做学问取得博士学位是最基础的条件，由于各种原因，我曾多次与其失之交臂，在我想放弃追梦的时候，我的导师李曦辉教授向我伸出了橄榄枝，收我做了徒弟，感谢李老师愿意做我博士之路的引路人！而我在攻读博士学位期间，特别是毕业论文写作过程中，又遇到许多难以逾越的障碍，多年形成的思维定势严重困扰着我，这时候，我的导师以博大的胸怀包容我、鼓励我、教导我、引领我逐渐放下固有的思维模式，以空杯的心态对待博士学习，在李老师的悉心教导下，我的理论功底不断夯实，博士论文也逐渐成型，再次感谢李老师！李老师不仅在学术道路上不断鞭策我，严格要求我，引领我不断克服各种困难，一步步攀登学术高峰，李老师还在工作中和生活中经常帮助和关心我，使我在求学期间工作、学习两不误。永远难忘导师的谆谆教诲和严谨的治学态度！不论做人做事，我的导师都是我的榜样！可以说，我攻读博士期间的每一个进步，都离不开导师的悉心指导和大力支持，衷心谢谢您！今后，我还要更加努力，不辜负您的殷切期望，也做师弟师妹的好榜样！

感谢中央民族大学民族学与社会学学院的姚丽娟教授、王建民教授、吴楚克教授在社会学、民族学、人类学理论上给我的指引；感谢中央民族大学的麻国庆院长、郭伟和教授、包智明教授、邓光奇教授、张秀萍教授、李燕琴教授，中国社会科学院刘戒骄研究员、张其仔研究员，中国人民大学顾宝昌教授、王水雄教授，首都经贸大学黄荣清教授、南开大学原新教授、北京大学李建新教授、中央财经大学李国武教授在我博士论文开题、预答辩、答辩期间提出的宝贵意见，你们严谨的治学态度、广博的学识，让我受益匪浅。

感谢调研中多次给予我极大帮助的新疆维吾尔自治区发改委的李宏琪、杨雪莲、闫泽武、努尔古丽等领导；感谢中央民族大学的研究生张晨阳，感谢本科生伊犁扎特、开萨尔，以及K村和A村的维吾尔族大学生们，没有你们的帮助与支持，我的调研就不会顺利完成。感谢中央民族大学的研究生郎明辰、高睿在最后阶段对本书的数据做了复核。

感谢中央民族大学理学院的徐世英教授、魏传华教授、肖春祥教授、蔡果兰教授、董连春老师、郑嘉老师、杨慧老师，谢谢您们在我的论文写作和修改过程中对我提供了无私的帮助和支持，理学院的老师就像我的娘家人，总在我最需要帮助的时候伸出援助之手。

感谢我的师兄和师弟师妹们：艾尼、雷聪、阿列夫、丁春燕、陈景昭、李正梅、黄基鑫、刘沛、张思齐、张杰，等等，在我攻读博士学位期间，与你们相识并结下跨越年龄、跨越学科的深厚友谊，你们让我感受师门的温暖，更是我在学习之外最大的收获！

感谢我的父母！感谢我的先生和女儿！感谢我的两个妹妹！谢谢你们为我营造了舒适的学习氛围并给予我深厚的家庭温暖，没有你们的无私奉献和默默付出，就没有我博士学业的顺利完成！

感谢诸位大师和学者，你们的学术成果启发和帮助我顺利地完成了本书，虽然与你们素昧谋面，但是你们的学识与智慧就像茫茫大海中的灯塔，引领我从学术的此岸无限接近彼岸，向诸位致以崇高的敬意！感谢中国财政经济出版社的卢关平编辑，在本书的出版过程中您对每一处细节都进行了认真审核与修改润色，为本书锦上添花，谢谢您！

最后，祝愿我的导师和所有关心与帮助我的人们生活美满、万事胜意！

马胜春

2019 年 5 月于中央民族大学